《鍥不舍齋薪傳錄》附冊

國立臺灣師範大學榮譽教授

陳伯元（新雄）先生學行錄

陳新雄教授逝世十週年紀念國際學術研討會

籌備委員會　編

2022 年 3 月

目次

出版說明

　　本小冊子屬於《鍥不舍齋薪傳錄——陳新雄教授逝世十週年紀念國際學術研討會論文集》的附篇補充資料，共收集陳伯元（新雄）教授生平事略、學行紀事年表、學思語錄、學術論述書目等四種。可以作為閱讀論文集內容的資料對照參考，並藉以讓社會廣大閱讀者對陳教授生平與學術成就有更深入認識。

　　陳伯元教授一生從事教學工作四十餘年，作育英才無數，學術著作豐碩，成為學生最佳表率。國立臺灣師範大學簡茂發前校長曾讚譽他：學術成就兼跨經學、小學與文學三大領域，已成為中文學界共有之國寶；對學術推廣不遺餘力，創辦「中華民國聲韻學學會」及創刊《聲韻論叢》重要學術期刊，充分表現其學術社群領導之才華；一生堅守淡泊，不務虛聲，在刻苦環境中勵學而成就其大學問，充分發揮鍥不捨之學術精神。基於上述在學術界與教育界之貢獻，經國立臺灣師範大學於2007年（民國96年）校務會議通過，頒授陳伯元教授為「國立臺灣師範大學榮譽教授」。此項名副其實的頭銜，陳教授幾乎未曾在公開場合向人提起，本小冊子謹取其謙沖自牧，一生學行優異，藉此機會特將此項榮譽冠作書題，以誌永懷紀念之意。

　　感謝曾榮汾教授以及賴貴三、成玲教授賢伉儷帶領林士翔君，提供陳伯元教授翔實生平資料；同時也感謝論文集編輯小組諸位女士先生辛勞付出，輯錄陳伯元教授平日於學思踐行經驗的語錄，以及蒐集重要研究著述論文篇目。對於有興趣傳統學術研究的社會賢達，本小冊子若能發揮深入探索的指引，則是編輯小組全體同仁無上的榮幸。

生平事略

曾榮汾
中央警官大學退休教授

　　先生諱新雄，字伯元，民國二十四年生，祖籍江西省贛縣。先生七歲，啟蒙讀書，因聰穎過人，未及一年，已識字兩千餘。民國三十八年，從尊翁　定湛公隨軍遷臺，其後定居於板橋。先生就讀臺北建國高中時，因閱及潘重規教授駁論簡體字之說，對潘教授心生仰慕。畢業之後，以第一志願考上師大國文系，潘教授時為系主任，已識先生美璞待琢，良材可塑，大一下學期，林尹教授講授國文課程，對先生更是賞識有加，此為先生蒙林教授著意栽培之始也。

　　先生生前所念念不忘者，即受惠於恩師林尹教授者最多，諸如小學、詩文之基礎，皆蒙恩師親自垂教。大學結業後，分發至師大附中任實習教師，並承推薦，受聘為東吳大學中文系兼任講師，主講「聲韻學」，時方二十四歲，為當時各大學講師最年輕者。先生二十九歲，與夫人葉詠琍女士結婚，林教授賀詩有云：「七年壇坫誨諄諄，為汝知津可出塵。」對先生殷切之期望，溢於言表。民國五十八年二月，待先生以《古音學發微》論文，榮獲國家文學博士時，高明教授稱為「元元本本，殫見洽聞」，許世瑛教授評為「成一家之言」，林教授更讚許為「青出於藍」。從此先生於學界，日益嶄露頭角。

　　先生治學嚴謹，博涉經史子集，其碩士論文《春秋異文考》，為程發軔教授所指導，誠為先生經學之奠基。先生平日勤讀古書，舉凡

文獻要籍，無不圈點精讀，於聲韻、訓詁、文字領域，用功尤深，故抒發見解最多，所倡古韻三十二部、群母古讀考等說，向為學界所推崇。先生亦喜為詩詞，古詩人中，特鍾於蘇東坡，蓋器識風骨最為相契也。先生授業，廣設講席，除於師大國文系所外，並曾於東吳、文化、輔大、政大、高師、文藻等校，講授經學、小學及東坡詩詞等課。先生談經則明究訓詁，論小學則條理明暢，吟詩詞則聲情動人，諸生得聞珠玉，無不企盼仰慕，期聆嘉音，受聘為文化中文系主任時，更是聲聞學界，傳為美談。先生春風化雨，海內外均霑，四十二歲即應聘為美國喬治城大學中日文系客座教授，四十八及五十四歲，兩次赴香港浸會學院中文系，擔任高等及首席講師，亦嘗應邀至日本，於「大東文化大學中國語文科學術交流會」擔任講座，晚年居美期間，則時時應邀為華人社團講授詩詞作法及欣賞，誠因先生善誘能教，故無論遐邇，聞風嚮慕。

先生為聚集國內人才，促進研究風氣，奔走呼籲成立各種學會，故今之聲韻、文字、訓詁、經學研究等學會，先生或為創辦者，或為理事長，振臂一呼，風起雲興，帶動學術之發展，先生之功實不可沒。先生更趁第二次赴港講學之便，與浸會學院中文系主任共同舉辦「中國聲韻學國際學術研討會」，邀請海峽兩岸學人共聚一堂，開創學術交流新局。先生從此展開大陸學術之旅，足跡幾遍大江南北，且與大陸學人相交頗契，嘗應邀至北京清華大學中文系，擔任客座教授兩個月。

方先生五十七歲時，初學電腦，才半年，已然熟悉使用，並發表〈倉頡檢字法與文字構造的關聯〉一文。先生輸入時，單以左右食指快速敲鍵，自詡為「一指神功」。爾後先生之著作，皆親自打字，上課之際，亦融入簡報系統，自謂「教室應像電影院」。先生對於多媒體科技，頗能知新與應用，六十歲出版《詩詞吟唱與賞析》一

書,即附有先生親自吟唱之錄影帶,且因有此認知,方識文字數位化之重要。

　　先生為人,孝友溫恭,誠樸堅毅,既承章、黃之風,實而不夸,亦秉師門之訓,知行合一。於講學之餘,多次參與字書之編輯,諸如教育部標準字體之研訂、《中文大辭典》、《大學字典》、《國民字典》、《字形匯典》、《大辭典》、《新辭典》等,先生或為主編,或為編輯。民國八十三年,先生因赴韓國參加「第二屆漢字文化圈內生活漢字問題國際研討會」,深感運用電腦,保護傳統漢字正體之切要,遂於返國之後,建議教育部編輯《異體字字典》,藉以整合亞洲漢字,宣揚標準字體。歷經六年,書方殺青,先生奉派前往日本東京,以代表團顧問身分,參加「漢字標準化資訊會議」,於會中展示成果。此書蒐羅古今漢字字形十萬餘,當是自古以來,文字整理規模最巨大者,且以數位方式編輯,艱辛複雜自不待言,然先生身為副主任委員,全程參與,親力督導與協助,既具真知卓見,復能躬行實踐,絕非夸夸言談而已。

　　先生任教四十年,屆齡榮退時,自撰感賦詩云:「親恩師德心常記,俯仰無慚日麗天。」退休之後,先生漸能挪出較多時間赴美與家人相聚,然仍時時惦記國內學術之發展。先生曾言:「石禪夫子當年於師大開講《論語》,歡迎各界人士前來聽講,座無虛席。」言下之意,頗多感佩。此當即先生晚年,健康雖漸不佳,仍欣然接受「聲韻學學會」請託,設置「聲韻講座」之故。講座設於師大,由入門講至古音,先生藉每年由美返臺授課之際,每逢週六開講,每次三小時,聽眾來自各校學生及民間詩人,輒亦無虛席。先生連講四年,從不缺課,縱於堂上突感不適,臨時就醫之後,亦立即返回續講。先生曰:「座中有自中部一早趕來聽課者,不宜辜負。」

　　自七十歲之後,先生體力明顯不如往昔,然仍勤於治學、授課、

演講，除主講「聲韻講座」之外，先生之《訓詁學》下冊、《廣韻研究》、《聲韻學》、《文字學》等大作陸續出版。仰慕先生之名，欲入門牆者，無論博碩士生，先生皆欣然接受。先生云：「治小學頗難，今日願學者已少，彼既有心，吾又何忍拒之？」若此收朋勤誨，絕學賴續之精神，先生榮獲教育部教學特優教師獎勵，師大並授予先生「名譽教授」稱號，允為實至名歸也。

先生一生勤於著作，學術藝文，大小篇章，積三百餘種，專著鴻論即有二十餘本。專著之中，《古音研究》，既集古今研究之大成，並見新說之發明；《廣韻研究》，則申發研治之基礎，精研韻書之成就；《聲韻學》，則明示學術之體系，引領入門之方法；《訓詁學》，則梳理釋義之方式，說明工具之運用；《文字學》，則承繼章、黃之學說，析述條例，闡明正解。《鍥不舍齋論學集》、《文字聲韻論叢》等，則見解精闢，碻論宏發；另有《東坡詩選析》、《東坡詞選析》、《伯元倚聲·和蘇樂府》、《伯元吟草》等書，酬唱吟誦，琳瑯滿目；其於報端所寫專欄，關心世局國是，風聲雨聲，不失書生本色。先生嘗云：「高郵王念孫因長壽，故能多著作，庶幾得以天年，當亦如斯。」今觀先生成就，未及石臞先生之齡，珠璣之語，已斐然可觀，學子詳參，望重儒林。

民國九十八年年底，先生赴醫院體檢，並忙於舉辦「林尹教授百歲冥誕紀念學術研討會」，邀約海內外學人共襄盛舉。奔波之餘，遵醫囑返院複檢，赫然發現肝臟已見腫瘤。經過治療，先生尚可勉強參與學術活動。前年十月，先生偕夫人帶領門下弟子，赴大陸河南南陽師範學院，參與該校特為先生舉辦之「陳伯元先生文字音韻訓詁學國際學術研討會」，備感顯榮，並於會中發表〈求學問道七十年〉演講。會後返臺，旋即赴美就醫療養。今年五月，先生於美，為詩輓黃天成教授，詩中有曰：「不見先生已有年，病肝病肺莫陪筵」、「相期

百歲都將去，望影猶縈薪火傳」。縱然已覺身心漸竭，薪傳之責，仍不敢稍忘，此即先生堅毅之本質也。

先生曾發表〈文化傳承與小學語文教材〉一文，闡述小學生宜讀寫分途，多識字、多讀詩文；先描紅，再練帖之教育理念。去年年底，曾函囑門下弟子曰：「聞南陽擬設一小學，將試行吾之教育理念，若身體尚可，吾當親往，作幾次演講，以資鼓勵。」故先生本規畫於近期內返臺定居，暫作休息後，轉赴大陸，卻因宿疾轉劇，終至藥石罔效，於美國當地時間七月三十一日晚上八時四十五分，溘然長逝，享壽七十有八。消息傳來，親友弟子，無不失聲哀慟，悲悽莫名。先生之驟逝，有如星之墜，月之隱，然相信先生之學，正如日之昇，風之行，先生之人品與學術，皆將影響深遠矣。

先生德配葉詠琍女士，為國內知名兒童文學專家，與先生結褵數十年，鶼鰈情深，育有二子二女。長子曰昌華，美國馬里蘭大學國際財務管理學碩士，現任聯邦訊委會規費組高等分析師，娶妻陳氏；次子曰昌蘄，馬里蘭大學通訊管理學碩士，現任美國思科公司資深系統工程師，娶妻王氏；長女曰逸菲，馬里蘭大學商學系畢業，適美籍麥銳志先生；次女曰逸蘭，馬里蘭大學管理學碩士，適美籍日裔宮本泰先生。子女出眾，賢媳秀慧，佳婿乘龍，可謂滿門皆俊傑，桐枝必衍慶。先生闔府信奉基督，相信此刻先生已安息主懷，與主同在樂園，願主耶穌親自安慰先生家人，賜予心靈平安。

夫淑德天成，英氣自豪，直道而行，方能鍥而不舍。先生一生，傳揚師說，著作等身，研訂字體，編輯字書，創設學會，交流兩岸，桃李天下，入門牆者逾百，實為肩承章、黃之學，勇於開創新局第一人。蘇東坡譽韓文公曰：「匹夫而為百世師，一言而為天下法，是皆有以參天地之化，關盛衰之運。其生也有自來，其逝也有所為。」先生詩詞，向與東坡居士心照神交，今藉此語讚頌先生，信以先生才德

與風骨，足可稱之。祈願先生無論幽明，浩然之氣長存，器識學問永
傳人間。

——原載姚榮松、李添富合輯《陳新雄教授哀思錄》

頁1-6，2012年。

生平學行紀事年表

成玲整理・賴貴三編輯・林士翔增補

中華民國二十四年（1935）乙亥　　先生一歲

是年，中共盤據贛南，先生尊翁定湛公為避紅禍，乃自贛縣陽埠鄉故里，遷居於贛州城內。

2月6日（陽曆三月十日），先生誕生於贛州城內鬱孤臺畔陳家寓所。

中華民國二十五年（1936）丙子　　先生二歲

國民政府五次圍剿成功，中共西竄陝北，先生隨定湛公遷返陽埠黃沙村故居。

中華民國二十六年（1937）丁丑　　先生三歲

7月7日，抗戰軍興，先生尊翁定湛公投筆從戎，轉戰於河南、湖北諸地。

先生二弟新賢誕生。

中華民國二十七年（1938）戊寅　　先生四歲

先生隨太夫人李育清女士在故居黃沙，至民國二十九年（1940）六歲。

中華民國二十八年（1939）己卯　　先生五歲

先生三弟新豪誕生。

中華民國三十年（1941）辛巳　　先生七歲

先生祖母王姚徐太夫人年逾九十，尊翁定湛公因自軍請退奉養，
　　延請塾師在家設館。先生破蒙讀書，因聰穎過人，記憶力特
　　強，未及一年，已識兩千餘字。

秋，先生正式入小學，因外婆家李屋凹小學校長李文彬先生辦學
　　認真，又為先生尊翁之故友，定湛公乃令先生寄居外婆家，
　　就讀李屋凹國民初級小學。

先生長妹月華誕生。

中華民國三十一年（1942）壬午　　先生八歲

先生在李屋凹就讀國民小學。在學期間，屢次被選拔為代表，參
　　加各項演講比賽，成績優異，深獲師長嘉許。

中華民國三十三年（1944）甲申　　先生十歲

先生丁祖母徐老太夫人憂，輟學在家守制。

先生幼妹福華誕生，福華今名細妹。

中華民國三十四年（1945）乙酉　　先生十一歲

秋，抗戰勝利，先生初學四年卒業，住校就讀於陽埠鄉惜分中心
　　小學。

中華民國三十五年（1946）丙戌　　先生十二歲

先生就讀惜分中心小學，至民國三十六年（1947）十三歲，完成

小學學業，在校期間，學會游泳，並為足球選手。

中華民國三十七年（1948）戊子　　先生十四歲

先生小學畢業，至縣城報考初中，一千餘人應考，僅錄取一百二十名，以第八名優異成績考取江西省立贛縣中學就讀。

中華民國三十八年（1949）己丑　　先生十五歲

秋，共軍渡江，大陸淪陷，先生從尊翁定湛公隨軍遷徙，由贛南而粵北而粵東，所經名城有信豐、龍南、梅縣、潮州、汕頭，軍次潮州龍湖鎮，先生於龍湖中學就讀一月有餘，因不能操潮州話，每為同學欺凌，由是深感國語統一之重要。

10月24日，奉命抵基隆。

10月25日，金門古寧頭大捷，人心士氣，為之一振。先生不久隨軍移居花蓮。

中華民國三十九年（1950）庚寅　　先生十六歲

先生尊翁定湛公令先生持省贛中所發肄業證書報考省立花蓮中學，插班為初中二年級就讀，在學期間，最為得益之老師，國文教師綦書晉老師、英文教師張光圮老師，而接識良友有曾開明、張少傑等，互相砥礪，得益良多。

是年，韓戰爆發，美國杜魯門（Harry S. Truman, 1884-1972）政府，發表協防臺灣聲明，國家危局，至是始安。

中華民國四十年（1951）辛卯　　先生十七歲

先生因尊翁定湛公駐地遷移至板橋，舉家西遷，乃考入縣立板橋初級中學就讀，在校期間，惠益良師，在國文有范效純老

師、王克佐老師，而惠益最大者，厥為數學老師梅煥洛老師，先生數學基礎欠佳，成績常在及格邊緣徘徊，自遇梅老師後，受其啟發，乃能徹悟。自此以後，數學成績超越儕輩。亦因此體悟課程本無難易，教學方法厥為最要。

中華民國四十一年（1952）壬辰　　先生十八歲

先生以第一名優異成績畢業於板橋初中，旋參加省立臺北建國中學高中入學考試，順利錄取，進入建國中學就讀。

中華民國四十二年（1953）癸巳　　先生十九歲

先生肄業建中高二，因急性盲腸炎在國軍野戰醫院動手術割治，以消毒欠佳，受細菌感染轉為腹膜炎，因家貧無力送大醫院治療，建中師生聞悉，乃發動全體師生捐款，得以轉診於臺大醫院，前後住院達半歲之久。同學中最熱心出力者有謝善元、胡匡九、陶景怡諸君。

先生尊翁為解先生病中鬱悶，乃教作詩，因之初識平仄，開始學而為詩。

中華民國四十三年（1954）甲午　　先生二十歲

先生身體康復，復學就讀建國中學高中三年級。導師閻全老師，於先生病後照顧良多。

3月17日至20日，臺北各大報刊登羅家倫（字志希，1897-1969）先生〈簡體字之提倡甚為必要〉一文，洋洋灑灑，近萬餘言，先生初亦為之折服。

3月27日至30日，旋讀《臺灣新生報》刊載潘重規（號石禪，1908-2003）先生〈論羅家倫所提倡之簡體字〉一文，於羅

氏所主張之理由，多所反駁，並提出質疑要求答復，而羅氏
竟云：「我有說話的自由，亦有不說話的自由。」於是羅家
倫在青年學生中之偶像遂告破碎。而於先生印象最深刻者，
潘先生第一條質問「羅先生列舉的『古文』是甚麼古文？」
羅先生以「譔」為「遷」之古文，而《說文》「遷」下所載
之古文「拪」，而非羅氏所謂之「遷」。因請當時建中國文教
師李福祥老師分析潘、羅二家之文，始知潘重規教授乃國學
大師黃季剛（名侃，1886-1935）先生女婿，於中國文字，
學有本源，非羅氏可比。先生始初聞國內學術之流派。

中華民國四十四年（1955）乙未　　先生二十一歲

夏，先生建中畢業，參加五院校聯合招生，因對潘重規教授之崇
敬，而潘先生適任臺灣師大國文系主任，乃以第一志願第一
名考取師大國文系。初識潘重規、程發軔（字旨雲，1894-
1975）、許世瑛（字詩英，1910-1972）、牟宗三（字離中，
1909-1995）、王壽康（字荓青，1899-1975）、唐傳基
（1910-？）等師大名師。因諸大師皆訓誨文史不宜分家，
國文系學生應讀《資治通鑑》，始讀《資治通鑑》。

中華民國四十五年（1956）丙申　　先生二十二歲

2月，先生大一國文改由林尹（字景伊，1910-1983）教授講授，
先生因能背誦，得林教授之賞識，著意栽培，為一生學問事
業之轉捩點。

9月，先生大二，從高鴻縉（字笏之，1892-1963）教授習文字
學；林尹教授習詩選，因請李漁叔（號墨堂，1905-1972）
先生來師大講作詩之法，囑先生前往迎接，為講杜甫（字子

美，712-770）〈送韓十四江東覲省〉，奇句四聲相間，極錯
綜變化之美。因景伊夫子之介紹，初識李漁叔教授，蒙墨堂
先生書詩一幅相贈。又從許世瑛教授習國文文法，李辰冬
（1907-1983）教授習中國文學史。始圈點《說文解字》。

中華民國四十六年（1957）丁酉　　先生二十三歲

3月，先生始從林尹教授習聲韻學，極得林教授賞識，親贈《廣
　　韻》一冊，並題字云：

> 中華民國四十六年歲次丁酉三月廿五日，即夏正二月廿四
> 日，持贈新雄，願新雄其善讀之。
>
> 　　　　　　　　　　　瑞安林尹　　識於臺北。

先生完成《廣韻》切語上下字系聯練習。林先生攜同前往拜見高
　　明（字仲華，1909-1992）教授於師大教員宿舍，高教授勉
　　先生曰：「記問之學，不足以為人師。」先生牢記在心，作
　　為日後教學之座右銘。

9月，先生升入大三，從許世瑛教授正式習聲韻學，因已熟習
　　《廣韻》切語上下字，故學習聲韻學，乃有事半功倍之效。

先生夫人葉詠琍師母考入師大國文系就讀，在同鄉迎新郊遊活動
　　中，乃相結識。

中華民國四十七年（1958）戊戌　　先生二十四歲

先生大學四年級，導師為張起鈞（1916-1986）教授，嘗為言：
　　「共產主義不通人性，絕難持久，終將失敗。」

先生第一次大四國文教學環島參觀，由黃錦鋐（字天成，1922-

2012）先生領導，黃老師年才三十許耳。至省立屏東中學，有一教員倚老賣老，大放厥辭，攻擊師大。黃老師從容相駁，氣定神閑，該教師乃訕訕而去。

暑假中，蒙林尹先生之招，寄寓於夫子家，協助編輯《兩漢三國文彙》，從事點校分段工作，先生辭章之學，乃奠基礎。因相處一寓，朝夕相會，日親謦欬，而於聲韻之學，更日聞要義，漸得奧窔。更鼓勵先生大學畢業應報考國文研究所，為研究高深學問作準備，先生始準備應研究所試。

中華民國四十八年（1959）己亥　　先生二十五歲

春，先生在林尹教授指導之下，以一週時間創立《廣韻聲韻類歸類習作表》，深得林教授賞識。

師大國文系結業，參加研究所入學試，以優異成績，名登榜首。

秋，先生分發至師大附中任實習教師，並承林尹教授推薦，受聘為東吳大學中文系兼任講師，主講聲韻學，為當時各大學中最年輕講師。

是年，先生讀畢《資治通鑑》，撰成《讀通鑑論》一鉅冊。

是年，先生開始從事《廣韻》形聲字諧聲偏旁分類習作。

中華民國四十九年（1960）庚子　　先生二十六歲

9月，先生就讀師大國文研究所碩士班，從林尹教授習《廣韻》研究、古音研究，熊公哲（1895-1990）先生習學術流變史、群經大義，許世瑛先生習文法研究，程發軔先生習沿革地理。

是年，先生圈點畢《說文解字》、《昭明文選》、《莊子》、《文心雕龍》。完成《廣韻》形聲字諧聲偏旁分類習作。

中華民國五十年（1961）辛丑　　先生二十七歲

先生碩士論文指導教授為程發軔先生，命撰《春秋異文考》論文。

是年，先生圈點畢《左傳注疏》、《公羊傳注疏》、《穀梁傳注疏》、《論語注疏》、《孟子注疏》。

中華民國五十一年（1962）壬寅　　先生二十八歲

6月，先生完成碩士論文《春秋異文考》，並通過學位考試，榮獲碩士學位。

7月，先生以第一名考取師大國文研究所博士班就讀，從孔德成（字玉汝，號達生，1920-2008）教授習三禮研究，魯實先（1913-1977）教授習古文字研究，高明教授習文學理論研究。

是年，先生獲林尹教授推薦，受聘為編纂，參加《中文大辭典》編纂工作。

是年，先生圈點畢《荀子集解》、《詩經注疏》、《禮記注疏》。

中華民國五十二年（1963）癸卯　　先生二十九歲

先生從許世瑛教授習高等語音學。

9月19日，先生與夫人葉詠琍師母結婚，于右任（1879-1964）先生為證婚人，林尹教授為介紹人。林尹教授賀先生結婚詩云：

七年壇坫誨諄諄，為汝知津可出塵。

今向瓊臺祝佳耦，還期他日有傳薪。

長天明月千秋好，細雨柔風萬古春。

一事應須勤記取，夫妻相敬始相親。

「知津出塵」乃林尹先生對先生之深切期望。婚後新居設於臺北縣中和鄉景平路三巷十五號。

是年，先生圈點畢《爾雅注疏》、《孝經注疏》。

中華民國五十三年（1964）甲辰　　先生三十歲

先生第一部出版著作碩士論文《春秋異文考》，由嘉新水泥公司文化基金會出版。

先生夫人葉詠琍師母畢業於文化學院中研所碩士班第一期，受聘為文化學院講師，乃遷居於華岡新村宿舍定居。

中華民國五十四年（1965）乙巳　　先生三十一歲

6月28日，先生長子昌華誕生。

先生服預官役一年，於空軍公館機場為行政官，因文筆流暢，深受長官與同事之禮遇與敬重。

是年，先生圈點畢《儀禮注疏》。

中華民國五十五年（1966）丙午　　先生三十二歲

先生役畢，受聘為臺灣省立臺灣師範大學國文學系專任講師，主講代辦國文專修科大一國文與國學導讀兩門課程。

10月5日，先生次子昌蘄誕生。

是年，先生圈點畢《周禮注疏》。

中華民國五十六年（1967）丁未　　先生三十三歲

先生擬撰博士學位論文《古音學發微》，高明先生適從香港講學歸來，攜歸大量大陸新近出版音韻學著作，皆慷慨借予先生閱讀，惠益至多。博士論文資料搜集齊備，開始著手撰寫。

先生調回師大本部，任教育系大一國文，及國文系四年級訓詁學。
並於夜間部開講聲韻學，是為在師大主講聲韻學之濫觴。

中華民國五十七年（1968）戊申　　先生三十四歲

7月19日，先生長女逸菲誕生。

李方桂（1902-1987）院士在臺大主講上古音，先生得許世瑛教
授之介紹，前往聽講，是為認識李方桂先生之始。

先生受文化學院中文系聘為兼任講師，主講聲韻學與文字學。

高明教授六十誕辰，先生發表第一篇學術論文〈文則論〉，刊於
《慶祝高郵高仲華先生六秩誕辰論文集》。

中華民國五十八年（1969）己酉　　先生三十五歲

2月5日，先生博士論文《古音學發微》完成，經校內考試通過，
以總評94分高分，成為教育部國家博士學位候選人。

6月10日，教育部組成博士考試委員會，考試委員毛子水（1893-
1988）、戴君仁（字靜山，號梅園，1901-1978）、陳槃（字
槃庵，號澗莊，1905-1999）、程發軔、屈萬里（字翼鵬，
1907-1979）、何容（字子祥，號談易，1903-1990）、高明、
許世瑛及林尹等九人，而以毛子水為主任委員。僉以為先生
之作述故創新，邁越前修，故全票通過，授予國家博士學
位，為中華中華民國第七位文學博士。指導教授林尹先生稱
許先生論文為「青出於藍」，高明教授稱為「元元本本，殫
見洽聞」，許世瑛教授讚許為「成一家言」。臺灣各報競相刊
登，為學術界一大盛事。

7月，先生被推選為第七屆中華民國「十大傑出青年」候選人。

8月，先生受聘為國立臺灣師範大學國文系副教授。

是年，適逢林尹教授六十誕辰，受業諸生為感師恩，籌設祝壽委
員會，出版《慶祝瑞安林景伊先生六秩誕辰論文集》，論文
集之出版，先生盡力最多。並撰成〈音略證補〉一文為壽，
其後此文印成單行本，臺灣各大學皆採用為聲韻學教材。

11月2日，先生博士論文《古音學發微》獲嘉新水泥公司文化基
金會獎助出版。

中華民國五十九年（1970）庚戌　　先生三十六歲

先生受聘為臺灣師大國文研究所副教授，講授《廣韻》研究與古
音研究。並應聘為輔仁大學中文研究所兼任副教授，講授
《說文》研究。又任中國文化學院中文研究所兼任副教授，
主講《廣韻》研究。

是年，先生發表單篇學術論文〈蘄春黃季剛先生古音學說駁難
辨〉刊於《師大學報》第十五期，〈高本漢之詩經韻讀及其
擬音〉刊於《許詩英先生六秩誕辰論文集》。

是年，先生指導文化學院中文研究所賈禮完成碩士論文《詩經韻
考》，此為指導學位論文之始。

中華民國六十年（1971）辛亥　　先生三十七歲

先生受聘於輔仁大學中文系講授語音學、文字學、聲韻學等課程。

中國文化學院張其昀（字曉峰，1901-1985）董事長禮聘先生為
文化學院研究生業務組主任。

是年，先生發表〈六十年來之聲韻學〉刊於程發軔教授主編之
《六十年來之國學》中，後印成單行本，由臺北：文史哲出
版社刊行。

是年，先生發表單篇論文5篇：1.〈如何利用工具書〉（一），《創

新週刊》，第三十期，頁5-6。2.〈如何利用工具書〉（二），
《創新週刊》，第三十二期，頁7-8。3.〈如何利用工具書〉
（三），《創新週刊》，第三十三期，頁7-8。4.〈如何利用工
具書〉（四），《創新週刊》，第三十五期，頁5-6。5.〈如何
利用工具書〉（五），《創新週刊》，第三十七期，頁5-6。

是年，先生指導8位學生完成碩士論文：（一）國立臺灣師範大學
國文研究所──1.林炯陽《魏晉詩韻考》；2.鍾克昌《戴氏轉
語索隱》；3.王芳彥《五均論研究》。（二）中國文化學院中文
研究所──1.林慶勳《經史正音切韻指南與等韻切音指南比
較研究》；2.柯淑齡《說文上聲字根研究》；3.戴瑞坤《陳澧
切韻考考辨》；4.林慕曾《崔豹古今注疏證》；5.許燈城《初
唐詩人用韻考》。

中華民國六十一年（1972）壬子　　先生三十八歲

5月23、24兩日，先生於《聯合報‧副刊》第9版發表〈繼往與開
來──成立國學院與強化編譯館之我見〉一文。

先生受聘為師大國文研究所教授，並受文化學院聘為中文系教授
兼系主任。

先生指導文化大學中文系文學組同學圈點《資治通鑑》。

先生應聘為國立政治大學為中文系兼任教授，講授聲韻學。

先生《古音學發微》博士論文，臺北：嘉新水泥文化基金會出版
第一版。

是年，先生發表單篇論文9篇：1.〈說文古籀排列次第先後考〉，
《中華學苑》，第九期。2.〈論上古音中脂-r隊-d兩部的區
別〉，《文史季刊》，第三卷第一期。3.〈無聲字多音說〉，輔
仁大學《人文學報》，第二期。4.〈敬悼本師許詩英先生〉，

《創新週刊》，第六十七期，頁6-8。5.〈如何利用工具書〉
（六），《創新週刊》，第三十九期，頁3-4。6.〈如何利用工
具書〉（七），《創新週刊》，第四十一期，頁7-8。7.〈如何
利用工具書〉（八上），《創新週刊》，第四十五期，頁5-6。8.
〈如何利用工具書〉（八下），《創新週刊》，第四十六期，頁
7-8。9.〈國學泰斗林尹先生〉，《創新週刊》，第五十一期，
頁2-3。

是年，先生指導5位學生完成碩士論文：（一）國立臺灣師範大學
國文研究所——1.蔡謀芳《爾雅義疏指例》；2.竺家寧《四聲
等子音系蠡測》；3.黎光蓮《中越字音比較研究》。（二）中
國文化學院中文研究所——1.王文相《音韻闡微韻譜研
究》；2.傅兆寬《四聲切韻表研究》。

中華民國六十二年（1973）癸丑　　先生三十九歲

先生應聘為國立政治大學中文研究所兼任教授，主講《廣韻》
研究與工具書之用法。又受聘為淡江大學夜間部中文系，主
講聲韻學。

先生《六十年來之聲韻學》，臺北：文史哲出版社出版。

先生參與《大學字典》編纂。

是年，先生發表單篇論文4篇：1.〈音學簡述〉，《木鐸》，第二
期。2.〈類書概說〉，《華風》，第八期。3.〈如何利用工具
書〉（九），《創新週刊》，第七十二期，頁9-12。4.〈如何利
用工具書〉（十），《創新週刊》，第七十四期，頁10-13。

是年，先生指導5位學生完成碩士論文：（一）國立臺灣師範大學
國文研究所——1.姚榮松《切韻指掌圖研究》；2.王三慶《杜
甫詩韻考》。（二）中國文化學院中文研究所——1.陳弘昌

《藤堂明保等韻說》；2.蕭永雄《元白詩韻考》。（三）輔仁
大學中文研究所——謝碧賢《文始研究》。

中華民國六十三年（1974）甲寅　　先生四十歲

是年，潘重規教授自香港退休，應張其昀先生之邀，任中國文化
大學中文研究所碩士班主任，講授《詩經》研究與《文心雕
龍》研究；其時，先生任中文系主任，親率學生前往聽講，
倍感精彩。[1]

先生於國立政治大學中文研究所主講古音研究，輔仁大學中文研
究所講授古韻源流。

是年，先生由華岡新村遷至臺北市和平東路鍥不舍齋。

先生主編《國民字典》，由文化學院華岡出版部出版。

是年，先生發表單篇論文2篇：1.〈評介《瀛涯敦煌韻輯新
編》〉，《華學月刊》，第二十五期。2.〈《廣韻》韻類分析之
管見〉，《中華學苑》，第十四期。

是年，先生指導5位學生完成碩士論文：（一）國立臺灣師範大學
國文研究所——王勝昌《說文篆韻譜之源流及其音系研究》。
（二）國立政治大學中文研究所——李達賢《五代詞韻考》。
（三）中國文化學院中文研究所——1.周小萍《說文形聲字
聲母假借發凡》；2.黃正賜《孫輯倉頡篇疏證》。（四）輔仁
大學中文研究所——陳堯階《說文初文六書分類考辨》。

中華民國六十四年（1975）乙卯　　先生四十一歲

4月5日，先總統蔣公（中正，字介石，1887-1975）崩逝，先生

---

1 潘重規老師曾於先生作文卷上批云：「以愛國心而學習國文，志氣已高人一等，至
於文筆之流利，猶其餘事。」

有〈恭挽總統蔣公〉詩，發表於《大華晚報・瀛海同聲》，
後收入《先總統蔣公哀思錄》，是為先生正式發表詩作之
始，詩云：

廣布仁恩數十秋，祥暉長耀孰能侔？
方期旌斾收京早，忽有元戎棄世憂。
萬姓悽如亡考妣，一心誓欲翦讎仇。
願將無盡傾河淚，滌淨妖氛復九州。

教育部新規定專任教授只可專任於一校，先生遂辭文化學院中文
系主任職，專任師大國文研究所教授。文化學院中文系師生
為感念先生四年來之辛勤作育，特贈先生「惠我良多」銀牌
一面。

是年，先生開始圈點嚴衍（字永思，號午亭，1575-1654）《資治
通鑑補》，並作劄記。圈點清人王文誥（字純生，號見
大，？-？）編《蘇文忠公詩編註集成》，完成《蘇詩七律分
韻類鈔》、《蘇詩七絕分韻類鈔》、《陸放翁七律分韻類鈔》、
《陸放翁七絕分韻類鈔》。

先生《等韻述要》一書，臺北：藝文印書館出版。

先生與于大成（字長卿，1934-2001）教授共同主編《文字學論
文集》、《尚書論文集》、《淮南子論文集》、《史記論文集》、
《文心雕龍論文集》。

是年，先生發表單篇論文1篇：〈幾本有價值的聲韻學要籍簡介〉，
《木鐸》，三、四期合刊。

是年，先生指導1位韓國學生完成博士論文：國立臺灣師範大學
國文研究所許壁《史記稱代詞與虛詞研究》，與林尹教授共

同指導，為先生指導博士論文之始。

是年，先生指導4位學生完成碩士論文：（一）國立臺灣師範大學
國文研究所——1.吳靜之《上古聲調之蠡測》；2.康世統《廣
韻韻類考正》。（二）輔仁大學中文研究所——1.鄭邦鎮《說
文省聲探賾》；2.吳秀英《廣韻入聲字演變為國語音讀考》。

中華民國六十五年（1976）丙辰　　先生四十二歲

2月6日，夏曆丙辰正月初七（人日），景伊師招飲先生與于大成、
張夢機（1941-2010）、李殿魁，夢機賦詩，師步韻有作。

9月，先生應美國喬治城大學（Georgetown University）中日文系
聘為客座教授一年。

是年，先生與于大成教授共同主編《聲韻學論文集》、《左傳論文
集》、《莊子論文集》、《漢書論文集》、《昭明文選論文集》。

是年，先生《中原音韻概要》一書，臺北：學海出版社出版。

是年，先生完成《元遺山詩分韻類鈔》、《黃山谷詩分韻類鈔》。

是年，先生發表單篇論文1篇：〈聲韻學入門〉，《學粹》，十八卷
一、二期。

是年，先生指導3位學生完成碩士論文：（一）國立臺灣師範大學
國文研究所——呂源德《從廣韻又音考群母之古讀》。（二）
中國文化學院中文研究所——鄭寶美《孔廣森詩聲分例證
補》。（三）輔仁大學中文研究所——符濟梅《段玉裁詩經韻
分十七部表正誤》。

中華民國六十六年（1977）丁巳　　先生四十三歲

6月，先生由美返國，受臺北：三民書局之邀，參與《大辭典》
編纂。

9月，先生應國立高雄師範學院國文研究所聘為兼任教授，主講
　　古音研究。

12月4日，次女逸蘭誕生。

是年，先生完成《陳後山詩分韻類鈔》，圈點畢酈道元《水經
　　注》。

是年，先生發表單篇論文2篇：1.〈簡介佛瑞斯特中國古代語言
　　之研究方法〉，《潘重規教授七秩誕辰論文集》。2.〈《說文解
　　字》分部編次〉，《木鐸》，第五、六期合刊。

是年，先生指導1位韓國學生完成碩士論文：輔仁大學中文研究
　　所李貴榮《廣韻脣音字開合研究》。

中華民國六十七年（1978）戊午　　　先生四十四歲

是年，先生完成《王荊公詩分韻類鈔》。

是年，先生發表單篇論文5篇：1.〈上古音當中的-d跟-r韻尾〉，
　　《木鐸》，第七期。2.〈萬緒千頭次第尋──談讀書指導〉，
　　《幼獅月刊》，第四十八卷第二期。3.〈評介潘陳合著《中
　　國聲韻學》〉，《出版與研究》，第三十一期。4.〈酈道元《水
　　經注》裏所見的語音現象〉，《中國學術年刊》，第二期。5.
　　〈聲韻學入門〉，《中華學術與現代文化叢書》，第二冊，《文
　　學論集》。

是年，先生指導2位學生完成碩士論文：（一）國立臺灣師範大學
　　國文研究所──許金枝《東坡詞韻研究》。（二）國立政治大
　　學中文研究所──耿志堅《宋代近體詩用韻通轉之演變研
　　究》。

中華民國六十八年（1979）己未　　先生四十五歲

是年，先生完成《李白七絕分韻類鈔》、《杜甫七律分韻類鈔》、《李義山七律分韻類鈔》、《杜樊川七律分韻類鈔》，又完成圈點《烏臺詩案》。

是年，先生發表單篇論文3篇：1.〈聲韻學導讀〉，《國學導讀叢編》。2.〈切韻性質的再檢討〉，《中國學術年刊》，第三期。3.〈廣韻四十一聲紐聲值的擬測〉，《木鐸》，第八期。

是年，先生指導5位學生完成碩士論文：（一）國立臺灣師範大學國文研究所——吳淑惠《聲響與文情關係之研究》。（二）中國文化學院中文研究所——1.葉鍵得《通志七音略研究》；2.陳麗珊《段注說文音義關係之研究》。（三）輔仁大學中文研究所——1.金周生《廣韻一字多音現象初探》；2.凌亦文《增訂碑別字中俗字之研究》。

中華民國六十九年（1980）庚申　　先生四十六歲

是年，先生與丁邦新（1936-）教授始以音學，訂交於中央研究院歷史語言研究所主辦之「第一屆國際漢學籌備會議」。

是年，先生完成《王維五律分韻類鈔》、《李白五律分韻類鈔》。

先生與夫人葉詠琍師母合著《旅美泥爪》，臺北：幼獅文化事業出版公司出版。

是年，先生發表單篇論文4篇：1.〈禮記學記不學博依不能安詩解〉，《孔孟月刊》，第十八卷第九期。2.〈廣韻聲類諸說述評〉，《華岡文科學報》，第十二期。3.〈廣韻以後韻書簡介〉，《木鐸》，第九期。4.〈如何從國語的讀音辨識廣韻的聲韻調〉，《輔仁學誌》，第九期。

是年，先生指導2位學生完成博士論文：（一）國立臺灣師範大學
　　國文研究所——林炯陽《廣韻音切探源》，與林尹教授共同
　　指導。（二）文化大學中文研究所——林慶勳《段玉裁之生
　　平及其學術成就》，與林尹、潘重規教授共同指導。

是年，先生指導2位學生完成碩士論文：（一）國立臺灣師範大學
　　國文研究所——姜忠姬《五音集韻與廣韻之比較研究》。
　　（二）輔仁大學中文研究所——李添富《晚唐律體詩用韻通
　　轉之研究》。

中華民國七十年（1981）辛酉　　先生四十七歲

先生應邀參加中央研究院主辦第一屆國際漢學會議，在語言文字
　　組發表論文〈群母古讀考〉，並刊載於中央研究院《國際漢
　　學會議論文集》。

是年，先生指導1位學生完成博士論文：中國文化大學中文研究
　　所竺家寧《古漢語複聲母研究》，與林尹教授共同指導。

是年，先生指導3位學生完成碩士論文：（一）國立政治大學中文
　　研究所——孔仲溫《韻鏡研究》。（二）中國文化大學中文研
　　究所——王允莉《高郵王氏讀書雜志訓詁術語之研究》。
　　（三）輔仁大學中文研究所——宋麗瓊《方言郭璞音之研
　　究》。

中華民國七十一年（1982）壬戌　　先生四十八歲

4月，先生參加中華民國第一次聲韻學教學研討會。

9月，先生應香港浸會學院聘為中文系高等講師，主講文字學、
　　聲韻學、《左傳》、《尚書》等課程，深獲好評。

先生《聲類新編》一書，臺北：臺灣學生書局出版。

是年，先生發表單篇論文2篇：1.〈從詩經的合韻現象看諸家擬音的得失〉，《輔仁學誌》，第十一期。2.〈說文解字之條例〉，《香港浸會學院學報》，第九卷。

是年，先生指導3位學生完成博士論文：（一）國立臺灣師範大學國文研究所──姚榮松《上古漢語同源詞研究》，與林尹教授共同指導。（二）中國文化大學中文研究所──1.柯淑齡《黃季剛先生之生平及其學術》，與林尹、潘重規教授共同指導。2.曾榮汾《干祿字書研究》，與林尹教授共同指導。

是年，先生指導1位學生完成碩士論文：國立臺灣師範大學國文研究所吳傑儒《異音別義之源起及其流變》。

中華民國七十二年（1983）癸亥　　先生四十九歲

5月底，林尹景伊夫子臥病榮民總醫院，先生其時任教香港浸會學院，聞訊遄返馳歸，醫院奉侍一週。

6月8日，景伊夫子病逝棄養，先生經紀其喪，為時一月，備極勞瘁，所有事略、祭文、輓聯，無不親手撰寫。先生為哀悼林尹景伊夫子，因撰輓詩二十七首，以誌心哀。潘重規教授評為：「至性過人，讀之悽咽。」茲錄其最後五章：

> 颯颯秋風露氣清，孺思難已及門情。堂前桃李花千樹，絕學誰當隻手擎？
> 燈前小字寫黃庭，詩稿如今已殺青。定使先生浩然氣，常留宇內作儀型。
> 門牆百仞忝先登，壇坫當年日見稱。死後未能揚絕學，如斯弟子豈堪憑。
> 時當柔兆始從游，屈指韶光廿七秋。往日有言無不盡，今朝未語淚先流。

佳城一閉鬱重陰，追憶師門恩義深。今日哀歌和淚下，
可能重聽我沉吟。

9月，先生圈點畢六冊《蘇文忠公詩編註集成》。

是年，先生發表單篇論文1篇：〈古音學與詩經〉，《輔仁學誌》，
第十二期。

是年，先生指導2位學生完成博士論文：（一）國立臺灣師範大學
國文研究所——金相根《韓國人運用漢字與韓國漢字入聲韻
之研究》，與周何教授共同指導。（二）國立政治大學中文研
究所——耿志堅《唐代近體詩用韻研究》。

是年，先生指導1位學生完成碩士論文：國立臺灣師範大學國文
研究所馮永敏《杜甫詩中對句疊字所見之聲情》。

中華民國七十三年（1984）甲子　　先生五十歲

先生應東吳大學哲學系聘為兼任教授，主講語言哲學。

先生於師大夜間部講授蘇東坡詩。

先生集前所撰學術論文為《鍥不舍齋論學集》，都八百頁，約六
十餘萬言，臺北：臺灣學生書局出版。

先生與李殿魁、袁炯、余迺永共同主編《字形彙典》，臺北：聯
貫出版社出版第一輯五冊。

先生手鈔林尹教授遺著《景伊詩鈔》，臺北：學海出版社出版。
潘重規教授序謂：「吾知此一卷詩，殷勤手寫，必將長留天
地間，伯元可謂不負其師矣。」高明教授序謂：

是伯元之輯景伊遺詩，非徒敬愛其師，實亦有裨於余，非
徒有裨於余，實亦可風世而振俗，觀伯元之所為，固亦為

性情中人，可以承繼景伊之衣缽，余於是感景伊之道已得
其人而傳，乃大為景伊幸，即書此意，以為《景伊詩鈔》
之序。

是年，先生發表單篇論文1篇：〈尚書堯典日中星鳥永星火解〉，
　　《中國學術年刊》，第六期。
是年，先生指導1位學生完成博士論文：中國文化大學中文研究
　　所司仲敖《錢大昕之生平及其經學》。
是年，先生指導2位學生完成碩士論文：（一）中國文化大學中文
　　研究所——1.陳美華《說文干支字研究》；2.朴萬圭《三國志
　　東夷傳韓國譯名之研究》。

中華民國七十四年（1985）乙丑　　先生五十一歲

2月1日，先生於《文訊》第16期專題「中文系非新文藝課程教授
　　意見的徵詢」，封德屏女士採訪先生，以及曾永義（1941-
　　）、韓耀隆、杜松柏、蔡信發、羅宗濤（1938-2018）、于大
　　成、王三慶、劉兆祐等先生。
2月6日（陽曆三月十日），先生虛歲五十一，實歲則為五十。及
　　門弟子五十餘人相聚為先生祝壽，並獻贈「經師人師」銀牌
　　一塊。先生〈五十自賦〉詩云：

　　　　行年五十尚何求，家有藏書好解憂。
　　　　淑世恨難令側帽，明音差可仰前修。
　　　　登壇講學心猶壯，對酒吟詩意亦悠。
　　　　一事至今聊足樂，及門桃李已盈疇。

是年，先生正式發表第一闋詞〈行香子〉於《大華晚報‧瀛海同
　　聲》。詞云：

　　藻思芊眠，詞意纏綿，凝成了雲錦佳篇。心羅萬字，筆落
　　千聯。
　　盡香江夢，元朗月，太平巔。
　　故人不見，舊曲難編，只低頭猛憶當年。宋皇臺畔，大嶼
　　山邊。
　　共杯中酒，書中句，雨中煙。

先生在師大國文研究所博士班講授中國文字綜合研究。東吳大學
　　中文研究所講授《詩經》研究。
先生應邀至輔仁大學中文系、東吳大學中文系演講，講題為「從
　　蘇東坡的小學造詣看他在詩學上的表現」，文化大學中文系
　　講「《春秋左傳》的現代意義。」
臺北：三民書局《大辭典》編纂竣事出版，書中凡例皆先生起
　　草。
先生詩集《香江煙雨集》，臺北：學海出版社出版。
是年，發表單篇論文2篇：1.〈從蘇東坡的小學造詣看他在詩學
　　上的表現〉，《古典文學》，第七集。2.〈《詩經》的憂患意識
　　進一解〉，《中國學術年刊》，第七期。
是年，先生指導1位學生完成博士論文：國立政治大學中文研究
　　所孔仲溫《類篇研究》。
是年，先生指導4位學生完成碩士論文：（一）國立臺灣師範大學
　　國文研究所 —— 吳聖雄《康熙字典字母切韻要法探索》。
　　（二）輔仁大學中文研究所 —— 1.辛基莘《廣韻入聲字韓漢

音演變考》；2.王婉芳《韓非子通假文字音義商榷》；3.駱嘉
鵬《廣韻音韻辨識法：如何以國語、閩南語讀音分辨廣韻的
聲韻調》。

中華民國七十五年（1986）丙寅　　先生五十二歲

先生參加中央研究院舉辦第二屆國際漢學會議，宣讀論文〈論談
添盍怙分四部說〉。

先生在師大國文研究所講授專家詩研究與討論。

是年，先生發表單篇論文3篇：1.〈中華民國古音學研究的開創
人黃侃〉，《師大學報》，第三十一期。2.〈論《詩經》中的
楊柳意象〉，《國文學報》，第十五期。3.〈《尚書‧堯典》納
于大麓解〉，《中國學術年刊》，第八期。

是年，先生指導1位學生完成碩士論文：東吳大學中文研究所林
慶盛《李白詩用韻之研究》。

中華民國七十六年（1987）丁卯　　先生五十三歲

先生在師大國文研究所開授《詩經》研究課程。

《民生報》調查大學院校熱門教授，先生獲選為師大熱門教授。

12月3日，政府開放探親，先生賦詩發表於《大華晚報‧瀛海同
聲》，題為〈開放探親有感次金伯叔韻〉，詩云：

開放探親喜欲狂，仁恩今許細端詳。

人為隔絕心常怨，天厭乖離道總昂。

陟彼岵岡瞻望久，憫斯骨肉性情章。

南來北往途無阻，把臂應堪慰別腸。

是年，先生發表單篇論文2篇：1.〈陳澧切韻考系聯廣韻切語上下字補充條例補例〉，《國文學報》，第十六期。2.〈詩韻的通轉〉，《木鐸》，第十一期。

是年，先生指導2位學生完成博士論文：（一）國立臺灣師範大學國文研究所──姜忠姬《五音集韻研究》。（二）文化大學中文研究所──葉鍵得《十韻彙編研究》。

是年，先生指導4位學生完成碩士論文：（一）國立臺灣師範大學國文研究所──吳鍾林《廣韻去聲索源》。（二）國立政治大學中文研究所──沈壹農《原本玉篇引述唐以前舊本說文考異》。（三）輔仁大學中文研究所──金泰成《中國國語與現代韓國漢字音語音系統對應關係的研究》。（四）東吳大學中文研究所──1.江惜美《烏臺詩案研究》。

中華民國七十七年（1988）戊辰　　先生五十四歲

7月11日，中華民國聲韻學學會正式成立，先生被推舉為理事長。

是年，先生再度受聘為香港浸會學院中文系首席講師，講受聲韻學、《詩經》、《左傳》及東坡詩與東坡詞，教學認真，深獲好評。香港中文大學中文系、珠海書院文史研究所、新亞研究所等校紛紛約請先生前往授課。

是年，先生發表單篇論文2篇：1.〈戴震答段若膺論韻書對王力脂微分部的啟示〉，中央研究院《歷史語言研究所集刊》，第五十九本第一分冊。2.〈古今音變與韻書〉，《古典詩絕句入門》。

是年，先生指導2位學生完成碩士論文：（一）國立臺灣師範大學國文研究所──潘天久《廣韻重紐索源》。（二）輔仁大學中文研究所──李相機《二徐說文學研究》。

中華民國七十八年（1989）己巳　　先生五十五歲

先生應邀參加香港大學舉辦「章黃學術研討會」，宣讀論文〈蘄春黃季剛先生古音學說是否循環論證辨〉。

先生榮獲香港浸會學院學生票選傑出教師獎。

大陸發生六‧四天安門事件，先生有感於「國家興亡，匹夫有責」，遂於《青年日報‧副刊》撰寫「放眼天下」專欄，將所見所聞所感，一一借筆端剴切披露，祈能喚起同胞之愛國心。

先生《蘇軾詩選》一書，臺北：學海出版社出版；《語言學辭典》，臺北：三民書局出版。

是年，先生發表單篇論文4篇：1.〈論談添盍怗分四部說〉，《中央研究院第二屆國際漢學會議論文集》。2.〈中共簡體字混亂古音韻部系統說〉，第七屆中國聲韻學學術會議宣讀。3.〈毛詩韻譜‧通韻譜‧合韻譜〉，《中國學術年刊》，第十期。4.〈蘄春黃季剛先生古音學說是否循環論證辨〉，《孔孟學報》，第五十八期。

是年，先生指導1位學生完成博士論文：文化大學中文研究所許端容《可洪新集藏經音義隨函錄音系研究》。

是年，先生指導1位韓國學生完成碩士論文：國立臺灣師範大學國文研究所金鐘讚《高本漢複聲母擬音法之商榷》。

中華民國七十九年（1990）庚午　　先生五十六歲

6月11、12兩日，先生在香港浸會學院與中文系主任左松超博士共同舉辦「中國聲韻學國際學術研討會」，海峽兩岸與海外學者歡聚一堂，增進學術交流，溝通彼此暸解，是為海峽兩岸學人第一次學術交流，意義至為重大。先生特賦詩一首贈與會學人。詩云：

炎黃綿世胄，東亞稱俊秀。歷史五千年，文化尤淑茂。
尋音出本株，相接同聲臭。一峽分兩岸，卅載互纏鬥。
兄弟鬩于牆，志氣何鄙陋。攜手在今朝，歡如遇故舊。
學術共發皇，各歸諭其幼。殷勤道寸心，寬仁宜在宥。
重建大中華，山河如錦繡。聲威復漢唐，昂頭步宇宙。

7月，先生初訪大陸，蒞廣州中山大學，與李新魁教授相談甚
　　歡，順道謁黃花岡七十二烈士墓、參觀越秀公園、訪六榕
　　寺，先生皆有詩與詞紀遊，遂有《神州萬里詞》之作。
8月中，先生赴惠州訪東坡遺跡、惠州西湖、白鶴峰東坡故居、
　　朝雲墓、合江樓遺址，到處填詞紀事。
9月，先生赴桂林、柳州遊覽，並轉南京，謁國父陵，上黃山，抵
　　杭州，遊西湖，遊蘇州寒山寺、虎丘，所到之處皆紀以詩或
　　詞。
9月底，先生自港返臺，於師大國文研究所講授「東坡詩專題研
　　究與討論」。當選連任中華中華民國聲韻學會理事長。
10月初，先生尊翁定湛公病重住院，先生與師母，以及兄弟輪流
　　在院照料，備極辛勞。
11月12日，定湛公與世長辭，先生親撰「先君事略」，至於家祭
　　祭文、輓聯等，皆先生一手任之。尊翁喪禮，由師大梁尚勇
　　（1930-2105）校長主治，備極哀榮。
是年，先生發表單篇論文2篇：1.〈百年身世千年慮之林尹教
　　授〉，《中國語文通訊》，第八期。2.〈中國聲韻學國際學術
　　研討會報導〉，《漢學研究通訊》，第九卷第三期。
是年，先生指導1位學生完成博士論文：國立臺灣師範大學國文
　　研究所李添富《古今韻會舉要研究》。

中華民國八十年（1991）辛未　　先生五十七歲

2月25日，先生太夫人李育清女士，因老年喪偶，過於悲痛，不
　　幸辭世。先生親撰「先妣事略」，輓聯、祭文，亦一手任
　　之。卜葬於高雄燕巢三信墓園。先生賦〈江城子〉詞以紀
　　哀。詞曰：

　　春暉朗朗浩茫茫，廣難量，怎能忘？鞠育深恩，追念益悲
　　涼。問暖噓寒無限愛，思往事，齧冰霜。
　　去年剛道欲還鄉，倚南窗，洗塵妝。歸夢猶存，魂逐父齊
　　行。悵恨慈雲從此杳，哀淚滴，燕巢岡。

在師大國文研究所講授東坡詞專題研究與討論。
11月，首次率團赴大陸武漢市華中理工大學參加「漢語言國際學
　　術研討會」，初與嚴學宭（號子君，1910-1991）教授相晤，
　　相談甚歡。在會中宣讀〈今本《廣韻》切語下字系聯〉論
　　文。並填〈畫堂春〉詞一闋以紀盛。詞曰：

　　乘風萬里踏清波。漢川岸，共研磨。論音析韻語如梭，相
　　對聆聲歌。
　　靄靄群峰聳翠，洋洋流水齊和。匆匆三日聚無多，來歲渡
　　黃河。

先生會後暢遊黃州赤壁、蒲圻赤壁、黃鶴樓、並南下岳陽，泛舟
　　洞庭、上君山、登岳陽樓，所到之處皆紀以詩或詞。
先生初學電腦，習中文文書處理半年，已能使用電腦撰寫論文。
先生專著《放眼天下》一書，臺北：東大圖書股份有限公司出版。

是年，發表單篇論文5篇：1.〈《毛詩》韻三十部諧聲表〉，《孔孟學報》，第六十一期。2.〈從蘇詩的名篇看蘇軾的一生〉，《慶祝莆田黃天成先生七秩誕辰論文集》。3.〈戴震答段若膺論韻書幾則聲韻觀念的啟示〉，《漢學研究》，第九卷第一期。〈所得者少・所失者多——大陸推行簡體字四十年的檢討〉，《中國語文通訊》，第十五期。4.〈《說文》借形為事解〉，《中國語文通訊》，第十六期。5.〈今本《廣韻》切語下字系聯〉，《語言研究》，增刊Ⅱ。

是年，指導5位學生完成博士論文：（一）國立臺灣師範大學國文研究所——吳聖雄《日本吳音研究》。（二）東吳大學中文研究所——江惜美《蘇軾詩學理論及其實踐》。（三）中國文化大學中文研究所——1.李義活《續一切經音義反切研究》；2.朴萬圭《韓國三國時代韻文研究》。（四）香港珠海書院文史研究所——1.林鳳慧《詩經與詩聖韻例比較研究》。

中華民國八十一年（1992）壬申　　先生五十八歲

8月19日，先生應北京中國社會科學院語言研究所劉堅（1934-）所長之邀，前往北京參加「兩岸語言學研究之發展」座談會，參加座談者除該所劉堅所長與侯精一（1935-）、賀巍（1935-）兩位副所長外，尚有研究員李榮（1920-2002）、邵榮芬（1922-2015）等，臺灣學者有董忠司、李添富，香港黃坤堯，日本瀨戶口律子教授等。這一趟為期約半個月的神州之旅，除了促進兩岸學術文化交流之外，先生也得以親身感受到這塊孕育深厚的中國文化之地，領略這神州所承載的悠久歷史與風土人情，並以詩詞記錄這趟神州之旅，期間所填的詞即名為「神州萬里詞」。

8月23日，先生應邀赴北京師範大學參加「海峽兩岸文字統合學
術研討會」，發表〈章太炎先生轉注說之真諦與漢字統合之
關聯〉一文。在會中初識語文學前輩學人周祖謨（字燕孫，
1914-1995）、胡厚宣（1911-1995）、張志公（1918-1997）教
授等人。

8月25日，先生續參加北方工業大學主辦「海峽兩岸文化統合研
討會」，發表〈詩歌吟唱與詩歌教學〉論文一篇。並當場填
〈漁家傲〉詞贈北方工業大學仇校長春霖（1930-2015）〈漁
家傲·賦贈北方工業大學仇校長春霖用東坡皎皎牽牛河漢女
韻〉：[2]

> 兄弟何庸分我女？相逢一笑人歡語。夢想朝朝還暮暮。今
> 來處、京城石景山前浦。
> 此日新知明舊雨，溫文儒雅佳風度。迎客殷勤頻叩戶。須
> 記取、他年仍要常來去。

8月底，先生轉赴山東威海市參加「中國音韻學會第七次年會暨
國際學術研討會」，宣讀論文〈李方桂先生上古音研究的幾
點質疑〉。會後轉赴青島、濟南、曲阜、泰山暢遊。並專程
赴西安，參觀西北大學與中文、哲學系教授舉行學術座談，
會後暢遊西安古城，秦始皇兵馬俑、華清池等地。

9月初，先生由西安折返北京，應北京大學中文系邀請前往演
講，講題為〈從蘇軾的小學造詣看他在詩學上的表現〉，深

---

2 貴三按：壬申新秋，仇春霖校長酬賦〈即席和新雄先生〉於北京「海峽兩岸文化學
術交流會」上：「兄弟原本親兒女，傾杯一席心共許。兩岸同道弘文化，移情如沐
三春雨。」

獲好評。演講後暢遊北京大學、萬里長城、北海公園、頤和園、故宮紫禁城、景山公園、明十三陵、天壇等名勝。所到之處，皆紀以詞，創獲甚豐。先生藉著這次兩岸學術文化交流的機緣，得以觀覽到北京的雄偉、北京的風物無邊、天壇的開闊……，這些雕欄玉砌，永存在心中。「故國來遊，應欣不負我，滿頭華髮。此行如夢，還留池水明月。」當一代繁華落盡，又是另一代興起，故國景物就在不斷地盛衰興亡下蒼老，而先生也感嘆「滿頭華髮」，神州此行竟似夢一般不真實。

10月18日，先生於《中國時報・人間副刊》發表〈悼高師・憶往事〉一文。作輓詞一闋以寄哀，云：

> 聞哀痛殺，桃李滿園咸斂態。門不停賓，淚落浪浪十里嗔。
>
> 聲吞恨飲，世道居然情以恁。春日花紅，吾輩何尋往日風？

11月10日，先生應國立臺灣工業技術學院（今「國立臺灣科技大學」）之邀作學術演講。

11月29日，先生應臺南市中正文化中心之邀作學術演講。

11月30日，上午，先生應國立臺南師範學院之邀作學術演講；下午，應國立成功大學中文系之邀作學術演講，講題均為「從蘇詩的名篇看蘇軾的一生」。

是年，先生榮獲國立臺灣師範大學國文學系八十一學年度優良教師。

是年，先生發表單篇論文5篇：1.〈章太炎先生轉注假借說一文之體會〉，《國文學報》，第二十一期。2.〈《史記・秦始皇本紀》所見的聲韻現象〉，《聲韻論叢》，第四輯。3.〈李方桂

先生上古音研究的幾點質疑〉，《中國語文》，1992年第六
期。4.〈章太炎轉注說之真諦與漢字統合之關聯〉，《中國國
學》，第二十期。5.〈唱和詩詞二首——漁家傲與和詩〉，
《北方工業大學學報》，第4卷第4期。

是年，先生詞作42闋，名為「神州萬里詞」，皆以東坡韻來賦
寫，頗有向東坡致敬之意，足見先生對蘇軾這一北宋大家的
精研之深與鍾愛，連刊於《中華詩學》季刊1992年秋季、冬
季，以迄1993年春季、夏季，第10卷第1期至第10卷第4期。

是年，先生指導1位韓國學生完成博士論文：國立臺灣師範大學國
文研究所金鐘讚《許慎說文會意字與形聲字歸類之原則研
究》。

是年，先生指導1位學生完成碩士論文：中國文化大學中文研究
所林維祥《說文解字敘析論》。

中華民國八十二年（1993）癸酉　　先生五十九歲

3月19日至20日，先生參加「中國文字學全國學術研討會」，發表
論文〈倉頡檢字法與文字構造的關聯〉。並當選為文字學會
常務理事。

3月27日，先生應國立雲林技術學院之邀，前往該校作學術演
講，講題為〈國色朝酣酒‧天香夜染衣〉。

5月，先生率團經重慶，下三峽，經葛洲壩，過宜昌，轉赴武
漢，參加「中國海峽兩岸黃侃學術研討會」，發表〈黃季剛
先生及其古音學〉一文。並赴蘄春謁季剛先生墓，參加黃侃
紀念館破土典禮。初識季剛先生哲嗣黃念寧、黃念平二君，
蒙贈《黃侃手批白文十三經》一冊，對先生頗多親切之感。

5月29日，中國訓詁學會正式成立，先生以高票當選為第一屆理
事長。

6月8日，林尹教授逝世十週年紀念，先生主辦「紀念林尹教授逝
　　世十週年學術研討會」，並發表〈景伊師論律詩對仗之體用及
　　其實踐〉一文。又填〈醉翁操〉詞一闋，以誌哀思。詞曰：

　　　潸然，珠圓，悲彈，失樑山。人言，我公昔年光流天，如
　　　今花葉娟娟，由不眠。放眼畫堂前，濟濟相聚來眾賢。
　　　為公高詠，聲響奔泉。弦歌未絕，無盡朝啼暮怨。聚石成
　　　為山巔，大海寬容群川。思公年復年，公雖為天仙，遺愛
　　　滿人間，請臨一聽心上絃。

7月11日，先生次子昌蘄在臺北與王倩楠小姐結婚、敦請孔德成
　　先生證婚。
8月初，先生率團赴河北石家莊參加「《詩經》國際學術研討
　　會」，發表論文〈《詩‧序》存廢議〉一文，賦詩一首，均引
　　起極大回響。詩曰：

　　　乾坤事業始雎鳩，勝地良朋聚九州。
　　　文學源頭數風雅，百花開處識清幽。
　　　萋萋采采群爭秀，溰溰融融眾競啾。
　　　應是雞鳴終不已，吾華詩苑足千秋。

8月中，先生轉赴山西太原參加「漢語言國際學術研討會」，發表
　　論文〈黃侃的古音學〉一篇。並賦〈蝶戀花〉詞以紀其事。
　　詞曰：

　　　萬里間關多少路，穿越溪山，一意將心注。夜宿晉祠聞曉
　　　鷺，塵囂不染真佳處。

舊雨新知相見語，盡道區區，文化交流去。兩岸精神融聚後，胸懷自有新情趣。

會後參觀晉祠、大同雲岡石窟、北岳恆山、五臺山，亦均紀以詩詞。

9月，先生應高雄國立中山大學中文研究所聘，在博士班主講宋代文學專題研究與討論新課。開始圈點《東都事略》。

12月，先生參加中山大學主辦「第一屆國際暨第三屆全國清代學術研討會」，應邀擔任大會特約演講，講題為「清代古韻學之主流與旁支」。

12月18、19兩日，在輔仁大學召開「第一屆中國訓詁學學術研討會」，先生擔任大會會長，主持會議，並發表論文〈訓詁方式中義界與推因之先後次第說〉一文。

是年，先生發表單篇論文7篇：1.〈黃季剛先生及其古音學〉，《中國學術年刊》，第十四期。2.〈景伊師論律詩章法與對仗之理論及其實踐〉，《國文學報》，第二十二期。3.〈景伊師論律詩對仗體用及其實踐〉，《林尹教授逝世十週年學術論文集》。4.〈國色朝酣酒‧天香夜染衣——林語堂先生蘇東坡傳所提到的東坡兩首詩辨析〉，《教學與研究》，第十五期。5.〈倉頡檢字法與文字構造的關聯〉《第四屆中國文字學全國學術研討會論文集》。6.〈黃侃的古音學〉，《中國語文》，1993年第六期。7.〈訓詁方式中義界與推因之先後次第說〉，《第一屆中國訓詁學學術研討會論文集》。

是年，指導1位韓國學生完成碩士論文——國立臺灣師範大學國文研究所都惠淑《王念孫及其古音學》。

中華民國八十三年（1994）甲戌　　先生六十歲

1月，先生大著《文字聲韻論叢》，臺北：東大圖書股份有限公司出版；同時，又出版《詩詞吟唱與賞析》一書，並附有先生吟誦詩文之錄影帶，音韻鏗鏘，渾圓有致，是教習學生吟唱詩歌的最佳示範。

1月18日，先生應高雄市教師研習中心之聘，為國中國文科教師研習班主講〈國色朝酣酒・天香夜染衣──蘇東坡幾首詩的辨析〉。

3月17日（夏曆二月初六日），門弟子為感謝先生培育之恩，於臺北市福華大飯店設席上壽，並彙編論文集，以為稱觴之慶。

4月12日，先生於《聯合報・民意論壇》發表〈首長施政報告，立委請出席〉一文。

5月，先生於臺灣師範大學國文學系主辦之「紀念程老夫子旨雲先生百歲冥誕學術研討會」，發表〈東坡寄託詞發微〉一文。

6月，先生於「第一屆《左傳》國際學術研討會」中，發表〈《春秋左傳》之現代意義舉隅〉一文。

9月，先生榮獲教育部「八十二學年度教學特優教師獎勵」之表揚。嘗自云：「教學本諸良心；教完以後自己覺得歡喜、快樂最重要。」先生從事教學工作二十餘年，從不倦怠，「樂在教學」為其最佳寫照。

9月28、29兩日，先生應邀至韓國漢城參加「漢字文化圈內生活漢字問題國際研討會」，發表〈如何使漢字在漢字文化圈內使用更方便〉一文。並於會中口占一絕，呈與會諸公：

聞聲有異見形同，三國同文意可通。

此日相逢成共識，東風和暖勝西風。[3]

復經大會推定為「國際漢字振興協議會中華中華民國臺灣連絡代表」，更蒙大韓民國總統金泳三（號巨山，1927-2015）在韓國青瓦臺總統府接見。

9月，先生彙整多年來教授訓詁學課程之心得與資料，由臺北：臺灣學生書局出版《訓詁學》（上冊）一書，國內大學之授課教授與學生獲益良深。

10月，先生應邀至日本參加大東文化大學中國語學科學術交流會擔任講座。並發表〈海峽兩岸文字政策的差別〉、〈聲韻學的基礎〉、〈國語和普通話的異同〉、〈臺灣推行國語教學的情況〉、〈東坡海棠詩的寄託意義〉、〈中國古音學的過去現在與未來〉等多場講演。

12月，先生於「國際宋代文學研討會」發表〈蘇軾寄託詞發微〉一文。是月，並參加「第四屆世界華語文教學研討會」，於會中發表〈小學國語教材改進之我見〉一文。

是年，先生於輔仁大學中文研究所開設古籍研讀指導、東坡詩專題研討兩門新課程，輔大師生霑溉教益良多。

是年，先生單篇論文〈黃季剛先生及其古音學〉，榮獲行政院國家科學委員會甲種研究獎助。

是年，發表單篇論文7篇——1.〈東坡寄託詞發微〉，《紀念程旨雲先生百年誕辰學術研討會論文集》。2.〈研究古音之資料與方法〉，《連山都守熙教授六秩誕辰論文集》。3.〈《廣韻》二百零六韻擬音之我見〉，《語言研究》1994年第2期（總第

3　先生〈詩一首〉，刊登《漢字文化》1995年，頁2。

27期），頁94-111。4.〈黃侃的古音學〉，《國立編譯館刊》，第二十二卷第二期。5.〈蘇軾「蝶戀花·花褪殘紅青杏小」一詞的寫作年代與寄託意義〉，《國立編譯館館刊》，第二十三卷第二期。6.〈《廣韻》二百六韻之音擬〉，《中華中華民國聲韻學會第十二次年會暨第二屆國際學術研討會論文集》。7.〈《詩·序》存廢議〉，《詩經國際學術研討會論文集》（石家莊：河北大學出版社）。

是年，指導1位美國、1位臺灣、1位韓國學生完成博士論文：（一）國立臺灣師範大學國文研究所──史國興《東坡詩中的夢》。（二）東吳大學中國文學研究所──1.劉昭明《東坡意內言外詞隅測》。2.吳世畯《從說文聲訓所見的複聲母》。

中華民國八十四年（1995）乙亥　　先生六十一歲

4月，先生於「第六屆中國文字學會全國學術研討會」，發表單篇論文〈正體字盛衰之關鍵〉一文。會中並擔任主席與講評人。

5月，先生於「兩漢文學學術研討會」發表〈王粲登樓賦的用韻與文情關係之研究〉一文。並於「第四屆國際暨第十三屆全國聲韻學學術研討會」中發表〈怎樣才算是古音學上的審音派〉一文，又受邀擔任會議主席及講評。

8月，先生於「第二屆《詩經》國際學術研討會」發表〈刪《詩》問題的探討〉一文。另於教育部國語推行委員會演講，講題為〈論異體字之辨析〉。

9月，先生於輔仁大學中文研究所開設《詩經》專題討題新課程。

11月，先生參加「第四屆清代學術研討會」，發表「詩韻通轉與邵長蘅之《古今韻略》」一文。

是年，發表單篇論文與詩作19篇：1.〈臺灣推行國語教學的情

況〉，《中國語文通訊》，第33期。2.〈漢魏晉南北朝韻部變序〉，《中國語文通訊》，第34期。3.〈正體字盛衰之關鍵〉，《第六屆中國文字學全國學術研討會論文集》。4.〈《春秋左傳》之現代意義舉隅〉，《王靜芝先生八秩壽慶論文集》。5.〈蘇軾「雪後書北臺壁二首」與「謝人見和前篇二首」索解〉，收於《蘇軾在密州》，濟南：齊魯書社出版。6.〈王粲登樓賦的用韻與文情關係之研究〉，華嚴出版社：《兩漢文學學術研討會論文集》。7.〈蘇軾寄託詞發微（下）〉，《書目季刊》，第二十九卷第一期。8.〈怎樣才算是古音學上的審音派〉，《中國語文》，1995年第5期（總第248期），頁345-352。9.〈雪泥鴻爪〉，〈蘇詩賞析之一〉，《華盛頓新聞》，第17版。10.〈淡妝濃抹〉，〈蘇詩賞析之二〉，《華盛頓新聞》，第11版。11.〈成嶺成峰〉，〈蘇詩賞析之三〉，《華盛頓新聞》，第22版。12.〈橙黃橘綠〉，〈蘇詩賞析之四〉，《華盛頓新聞》，第28版。13.〈海棠心聲〉，〈蘇詩賞析之五〉，《華盛頓新聞》，第12版。14.〈春江水暖〉，〈蘇詩賞析之六〉，《華盛頓新聞》，第26版。15.〈鏗然曳杖聲〉，〈蘇詩賞析之七〉，《華盛頓新聞》，第23版。16.〈輕打五更鐘〉，〈蘇詩賞析之八〉，《華盛頓新聞》，第16版。17.〈天容海色〉，〈蘇詩賞析之九〉，《華盛頓新聞》，第23版。18.〈舟中夜起（上）〉，〈蘇詩賞析之十〉，《華盛頓新聞》，第24版。19.〈詩一首〉（「漢字文化圈內生活漢字問題國際討論會」口占一絕，呈與會諸公），〈詩一首〉，《漢字文化》1995年，頁2。

中華民國八十五年（1996）丙子　　先生六十二歲

4月，《國文天地》雜誌自該期起，敦請先生就蘇東坡詩發表賞析

專欄，經由先生詳盡地由時代背景、歷史因素等不同角度的
闡發與欣賞，東坡的詩旨更加顯揚——4月號刊出〈舟中夜
起〉、5月號〈淡妝濃抹〉、6月號〈成嶺成峰〉、7月號〈橙黃
橘綠〉、8月號〈海棠心聲〉、9月號〈春江水暖〉、10月號〈鏗
然曳杖聲〉、11月號〈輕打五更鐘〉、12月號〈天容海色〉。

4月，先生參加「第七屆中國文字學全國學術研討會」，會中發表
〈許慎之假借說與戴震之詮釋〉一文。

5月，先生應國立新竹師範學院之邀發表專題演說，講題為「中國
古音學的過去現與未來」。並於「第五屆國際暨第十四屆全國
聲韻學學術研討會」，發表單篇論文〈曾運乾古韻三十攝〉
一文。

7月，陳志清《切韻聲母韻母及其音值之研究》由臺北：文史哲
出版社刊行，先生為作序文。

8月，先生於「第二屆《詩經》國際研討會」，發表學術論文〈刪
《詩》問題之探討〉。

9月12日，先生〈孔子與《詩經》〉脫稿於臺北市和平東路二段鍥
不舍齋。

10月，國立高雄師範大學國文系邀請先生演講，題目是「乾鍋更
戛甘瓜羹的蘇東坡」。

11月，先生共發表四場演講：1.輔仁大學中文系，講題是「詩詞
吟誦之方法」；2.逢甲大學中文系，講題是「乾鍋更戛甘瓜
羹的蘇東坡」；3.國立臺灣師範大學國文研究所，講題是
「《詩·序》存廢議」；4.國立臺灣師範大學華語文教學研究
所，講題是「六書與中國文字」。

是年，先生發表單篇論文25篇：1.〈刪《詩》問題之探討〉，語
文出版社：《第二屆詩經國際學術研討會論文集》。2.〈中國

古音學的過去現在與未來〉，國立新竹師範學院：《第五屆國
際暨第十四屆全國聲韻學學術研討會論文集》。3.〈曾運乾
古韻三十攝榷議〉，國立新竹師範學院：《第五屆國際暨第十
四屆全國聲韻學學術研討會論文集》。4.〈許慎之假借說與
戴震之詮釋〉，萬卷樓圖書公司：《第七屆中國文字學全國學
術研討會論文集》。5.〈舟中夜起〉，〈蘇詩賞析（一）〉，《國
文天地》，第11卷第11期。6.〈淡妝濃抹〉，〈蘇詩賞析
（二）〉，《國文天地》，第11卷第12期。7.〈成嶺成峰〉，〈蘇
詩賞析（三）〉，《國文天地》，第12卷第1期。8.〈橙黃橘
綠〉，〈蘇詩賞析（四）〉，《國文天地》，第12卷第2期。9.
〈海棠心聲〉，〈蘇詩賞析（五）〉，《國文天地》，第12卷第3
期。10.〈春江水暖〉，〈蘇詩賞析（六）〉，《國文天地》，第
12卷第4期。11.〈鏗然曳杖聲〉，〈蘇詩賞析（七）〉，《國文
天地》，第12卷第5期。12.〈輕打五更鐘〉，〈蘇詩賞析
（八）〉，《國文天地》，第12卷第6期。13.〈天容海色〉，〈蘇
詩賞析（九）〉，《國文天地》，第12卷第7期。14.〈舟中夜起
（下）〉，〈蘇詩賞析之十〉，《華盛頓新聞》，第23版。15.
〈無耐能開頃刻花（上）〉，〈蘇詩賞析之十一〉，《華盛頓新
聞》，第17版。16.〈無耐能開頃刻花（下）〉，〈蘇詩賞析之
十一〉，《華盛頓新聞》，第30版。17.〈洗兒戲作〉，〈蘇詩賞
析之十二〉，《華盛頓新聞》，第28版。18.〈取仁行違〉，〈蘇
詩賞析之十三〉，《華盛頓新聞》，第18版。19.〈荔枝情
懷〉，〈蘇詩賞析之十四〉，《華盛頓新聞》，第23版。20.〈董
卓詩意〉，〈蘇詩賞析之十五〉，《華盛頓新聞》，第16版。21.
〈白衣仙人（上）〉，〈蘇詩賞析之十六〉，《華盛頓新聞》，第
14版。22.〈白衣仙人（下）〉，〈蘇詩賞析之十六〉，《華盛頓

新聞》，第28版。23.〈暮靄山孤〉，〈蘇詩賞析之十七〉，《華
盛頓新聞》，第27版。24.〈鶴林神女〉，〈蘇詩賞析之十
八〉，《華盛頓新聞》，第18版。25.〈孔子與《詩經》〉，《孔學
研究（第三輯）》，頁181-196。

是年，指導1位韓國學生完成博士論文：國立臺灣師範大學國文
研究所朴允河《艾約瑟所描繪的上海方言研究》。

中華民國八十六年（1997）丁丑　　先生六十三歲

1月，先生繼續於《國文天地》雜誌之〈詩詞賞析專欄〉就東坡
名詩闡發主旨與要義，頗受好評。共計有〈雪泥鴻爪〉、〈荔
枝情懷〉、〈取仁行違〉、〈董卓詩意〉、〈白衣仙人〉、〈暮靄山
孤〉、〈鶴林神女〉、〈國色天香〉、〈傷鴻戢翼〉、〈誠懸筆
諫〉、〈謀道不計身〉等篇。

4月8日，先生〈上古陰聲韻尾再檢討〉論文，脫稿於臺北市和平
東路二段鍥不舍齋。

4月，先生擔任「第一屆國際暨第三屆全國訓詁學學術研討會」
大會主席，並發表學術論文〈王念孫《廣雅・釋詁》疏證訓
詁術語一聲之轉〉。

5月，先生於「第十五屆全國聲韻學學術研討會」中擔任主持人
一職，並發表論文〈上古陰聲韻尾再檢討〉。

8月，先生參加「第三屆《詩經》國際學術研討會」，發表論文
〈孔子與《詩經》的正音和善義〉，刊登於《中國學術年
刊》第18期。另參與「中國語言學會第九屆學術年會」，發
表專題演講：「一聲之轉之再評價」。

　　暑假期間，先生偕師母，回江西贛州舊居，姚榮松教
授、香港中文大學黃坤堯教授奉陪同行。先生自十四歲離

鄉，距再次返鄉已近五十年矣！景致依稀，而人事漸非的情
怯，在與先生族叔陳金伯、及老師陳之敏先生會晤後，直有
「白首重回事若何」之感喟。先生離別前以〈減字木蘭花〉
一詞別金伯叔，詞云：

> 贛州城下，攜手同遊真夢也。來去如梭，白首重回事若何？
> 故鄉重見，眼裏滄桑千萬變。情已闌珊，漸覺涼風入指寒。

12月，先生應「大華府地區中文學校聯誼會」之邀，發表專題演
　講；「詩詞吟誦的方法與平仄的辨析」。
是年，發表單篇論文14篇：1.〈雪泥鴻爪〉，〈蘇詩賞析（十）〉，
　《國文天地》，第12卷第8期。2.〈荔枝情懷〉，〈蘇詩賞析
　（十一）〉，《國文天地》，第12卷第9期。3.〈取仁行違〉，
　〈蘇詩賞析（十二）〉，《國文天地》，第12卷第10期。4.〈董
　卓詩意〉，〈蘇詩賞析（十四）〉，《國文天地》，第12卷第12
　期。5.〈白衣仙人〉，〈蘇詩賞析（十五）〉，《國文天地》，第
　13卷第1期。6.〈暮靄山孤〉，〈蘇詩賞析（十六）〉，《國文天
　地》，第13卷第2期。7.〈鶴林神女〉，〈蘇詩賞析（十七）〉，
　《國文天地》，第13卷第3期。8.〈國色天香〉，〈蘇詩賞析
　（十八）〉，《國文天地》，第13卷第4期。9.〈傷鴻戢翼〉，
　〈蘇詩賞析（十九）〉，《國文天地》，第13卷第5期。10.〈誠
　懸筆諫〉，〈蘇詩賞析（二十）〉，《國文天地》，第13卷第6
　期。11.〈謀道不計身〉，〈蘇詩賞析（二十一）〉，《國文天
　地》，第13卷第7期。12.〈孔子與《詩經》〉，臺灣師範大學
　國文研究所：《中國學術年刊》，第18期。13.〈乾鍋更戛甘
　瓜羹的蘇東坡〉，臺灣師範大學國文學系：《國文學報》，第

二十六期，頁137-160。14.〈怎樣才算是古音學上的審音派〉，《聲韻論叢》第六輯，臺北：臺灣學生書局。

中華民國八十七年（1998）戊寅　　先生六十四歲

1月，先生於《國文天地》專欄續刊登〈矯矯龍之姿〉、〈凱風吹盡〉、〈前後三遊〉、〈瘦馬殘月〉、〈萬歲鄘塢〉、〈君門九重〉、〈畫馬公案〉、〈入峽喜巉巖〉、〈出峽愛平曠〉等專文賞析。

3月，先生應「美國馬里蘭州華府書友會」之邀，發表演講，講題為「古典詩詞吟誦與欣賞」。

8月，先生參加「漢語音韻學第五屆國際學術研討會」，發表〈上古音中的介音〉一文。同月，並舉行「漢字文化國際學術研討會」，先生亦發表〈章太炎轉注假借為造字之則析疑〉論文。

12月，先生擔任「第二屆國際暨第四屆全國訓詁學學術研討會」主持人，並發表論文〈黃侃求本字捷術之推闡〉。

是年，發表單篇論文10篇：1.〈矯矯龍之姿・隆中〉，〈蘇詩賞析（二十二）〉，《國文天地》，第13卷第8期。2.〈凱風吹盡・胡完夫母周夫人輓詞〉，〈蘇詩賞析（二十三）〉，《國文天地》，第13卷第9期。3.〈前後三遊・遊三游洞〉，〈蘇詩賞析（二十四）〉，《國文天地》，第13卷第10期。4.〈瘦馬殘月〉，〈蘇詩賞析（二十五）〉，《國文天地》，第13卷第11期。5.〈萬歲鄘塢〉，〈蘇詩賞析（二十六）〉，《國文天地》，第14卷第2期。6.〈君門九重〉，〈蘇詩賞析（二十七）〉，《國文天地》，第14卷第3期。7.〈章太炎轉注假借為造字之則析疑〉，《漢字文化國際學術研討會臺灣地區論文集》。8.〈古韻三十二部音讀之擬測（上）〉，《國立編譯館館刊》，第27卷

第1期。9.〈上古音中的介音〉，《漢語音韻學第五屆國際學術研討會臺灣地區論文集》。10.〈上古陰聲韻尾再檢討〉，《語言研究》1998年第2期（總第35期），頁1-15。

是年，指導4位學生完成碩士論文：（一）臺灣師範大學國文研究所——1.郭乃禎《戴震聲類表研究》。2.蔡幸憫《四聲韻和表研究》。3.黃映卿《龐大坤等韻輯略研究》。（二）東吳大學中文研究所——黃志明《夏燮述韻研究》。

中華民國八十八年（1999）己卯　　先生六十五歲

2月1日，先生撰《林炯陽先生六秩壽慶論文集·序》，臺北：洪葉文化事業有限公司出版。

2月，先生於《國文天地》專欄續發表〈不老孤松〉、〈久立蒼茫〉、〈飄蕩何求〉、〈百步洪二首〉、〈人生無離別〉、〈每求神倦〉、〈石鼓之歌〉、〈神品與妙品〉、〈蘇黃首次唱和〉等專文，提供讀者賞析與閱讀。

3月，先生出席「第五屆近代中國學術研討會」，發表〈黃侃與曾運乾之古音學〉一文。

3月25日，先生得意門棣東吳大學中文系教授林炯陽（1939-1999）先生辭世，先生作「哭炯陽弟」一詩弔之。詩云：

> 自從臥病到如今，久歷秋冬春又深。
> 看汝嚙冰寒澈骨，傷余折臂痛椎心。
> 本期蘇子傳歐志，卻繼章公哭季音。
> 三顧醫坊情不盡，無言惟有淚淋淋。

4月，先生將歷年來講授古音研討的心得及於學術會議上發表之有

關古音討論的卓見重新彙整，編著《古音研究》一書，臺
北：五南圖書公司出版。該書雖本自先生博士論文《古音學
發微》，但立論愈見嚴謹，析音辨理皆擲地鏗然，誠為嘉惠
學子之不朽鉅著。

4月，先生先後參與兩場學術會議，於「第一屆先秦兩漢學術研
討會」中發表〈從《論語》看孔子對《詩經》之貢獻〉一
文；於「紀念許世瑛先生九十冥誕學術研討會」中，發表專
論〈宵藥二部古韻尚能細分嗎？〉一文。

4月，先生同時榮膺「中國文字學會」、「中國經學研究會」兩會
理事長之職，對於學術的研究與參與，獲此殊榮，實至名
歸。

5月，先生於「第六屆國際暨第十七屆聲韻學學術研討會」，發表
專題演講「聲韻與文情之關係——以東坡詩為例」。

5月，先生單篇論文〈上古音中的介音〉榮獲國科會甲種研究獎
勵。

8月，先生應美國馬里蘭州洛克爾市之邀發表演講，講題為「乾
鍋更憂甘瓜羹的蘇東坡」。

10月，先生赴大陸徐州參加「第十一屆蘇軾國際學術會議」，發
表論文〈「算詩人相得如我與君稀」——稀在什麼地方〉。並
向徐州師範大學中文系師生發表專題演講：「從蘇軾在語言
文字學的造詣看他在詩學上的表現」。

10月2日，先生《伯元倚聲・和蘇樂府》大著出版，門棣林慶勳教
授假臺北市立圖書館國際會議廳舉行新書發表會暨「伯元夫
子伉儷書畫聯展」，蒞會貴賓，冠蓋雲集，為學林一大盛事。

10月10日，先生致函臺灣師大國文學系賴貴三（1962-）教授，
勉勵從事清儒傳世手簡箋釋之學術研究：

貴三仁弟青鑒：日前成玲來寓，除討論論文外，復捎來足
下所編《昭代經師手簡箋釋》，此書於後學至為有用。往昔
余授課，每稱清儒之學風在勤與恆，待人在謙與誠，此最
可從手簡中識之。如有機會，希續為增編，或以劉臺拱父
子，或以阮伯元父子為中心皆可也。若能將清儒手簡一一
箋釋，其有功於學術，固不待言。足下日與清儒徵實學為
伍，則其為訓詁，自可游刃有餘矣。耑達即詢──儷祉！

　　　　　　　　　新雄手啟　八十八年十月十日

是年，先生發表單篇論文15篇：1.〈不老孤松〉，〈蘇詩賞析（三
十一）〉，《國文天地》，第14卷第9期。2.〈久立蒼茫〉，〈蘇
詩賞析（三十二）〉，《國文天地》，第14卷第10期。3.〈飄蕩
何求〉，〈蘇詩賞析（三十三）〉，《國文天地》，第14卷第11
期。4.〈百步洪二首〉，〈蘇詩賞析（三十四）〉，《國文天
地》，第14卷12期。5.〈人生無離別‧誰知恩愛重〉，〈蘇詩
賞析（三十五）〉，《國文天地》，第15卷第1期。6.〈每求神
儁〉，〈蘇詩賞析（三十六）〉，《國文天地》，第15卷第2期。7.
〈石鼓之歌〉，〈蘇詩賞析（三十七）〉，《國文天地》，第15卷
第3期。8.〈神品與妙品──王維吳道子畫〉，〈蘇詩賞析
（三十八）〉，《國文天地》，第15卷第4期。9.〈蘇黃首次唱
和〉，〈蘇詩賞析（三十九）〉，《國文天地》，第15卷第6期。
10.〈黃侃與曾運乾之古音學〉，國立中央大學：《第五屆近
代中國學術研討會論文集》。11.〈對于上古牙音聲母的一些
看法〉，《古典文獻與文化論叢》，第二輯。12.〈宵藥二部古
韻尚能細分嗎？〉，臺灣師範大學：《紀念許世瑛先生九十冥
誕學術研討會》。13.〈聲韻與文情之關係──以東坡詩為

例〉，國立臺灣大學國文系：「第六屆暨第十七屆國際中國聲韻學學術研討會」主題演講論文。14.〈從《論語》看孔子對《詩經》之貢獻〉，《先秦兩漢論叢》，第一輯，頁1-16。15.〈算詩人相得如我與君稀——稀在什麼地方〉，「第十一屆蘇軾學術研討會」論文。

是年，指導1位韓國、1位臺灣學生完成博士論文：（一）國立政治大學中文研究所——都惠淑《劉逢祿之古音學研究》。（二）文化大學中文研究所——陳瑤玲《江有誥音學研究》。

是年，指導1位學生完成碩士論文：國立臺灣師範大學國文研究所翁瓊雅《孫愐《唐韻》韻部研究》。

中華民國八十九年（2000）庚辰　　先生六十六歲

1月，先生學習道路駕駛，已能上路矣。

2月，先生為陳錫勇《老子校正》作序，並填〈蝶戀花·恭賀石禪師九秩晉三嵩慶用歐公簾幕東風寒料峭韻〉一首以祝賀：

> 學繼章黃真聳峭，充棟盈樑，古籍蟠胸早。說部《紅樓》誰道小，敦煌經卷呈功巧。
>
> 石窟尋根還奮藻，韻輯新編，讀者無煩惱。卅五年來霑化好，九旬三歲春風曉。

3月，陳水扁以4977737票擊敗宋楚瑜之4664932票，當選為中華民國總統。民進黨第一次執政，不知將來國家政局會如何演變。國民黨失去政權，不滿民眾與黨員紛至國民黨中央黨部前示威吶喊，要李登輝（1923-2020）辭國民黨主席。

3月，先生弟子孔仲溫病危，先生偕師母南下至醫院探視病情，死無起色，言來痛心。

3月28日，先生榮獲臺灣師大頒發服務滿三十年一等狀。下午，首途赴歐洲旅遊，此次將遊歷法國、瑞士與義大利三國。

3月29日，晨，先生抵巴黎戴高樂國際機場，參觀羅浮宮，艾菲爾鐵塔，聖母院諸名勝，晚乘船遊賽納河，巴黎勝景盡收眼底。

3月30日，先生乘子彈列車往瑞士，瑞士盧森湖片紙皆無，乾淨之極。

4月1日，先生抵義大利，訪米蘭，多摩教堂（Duomo di Milano）宏偉之至，經維洛納（Verona），參觀茱利葉與羅密歐故居。晚抵水都威尼斯，先生自初中讀《威尼斯商人》（*The Merchant of Venice*），至今始得瞻仰名都。晚抵佛羅倫斯，徐志摩譯作翡冷翠（Firenze），頗有詩意。此處為歐洲文藝復興時代達文西（Leonardo da Vinci, 1452-1519）、米開蘭基羅（Michelangelo, 1475-1564）、拉斐爾（Raffaello Sanzio da Urbino, 1483-1520）三傑之故鄉，故特負盛名。離佛羅倫斯，經比薩斜塔，到羅馬。參觀聖彼得大教堂。予先生印象最深者，厥為萬神廟（Pantheon），此廟雄偉無比，圓柱高皆數十米，上有拱形牆壁，神廟中間，留一圓孔，太陽射入，可察時間之早晚，集建築與科學於一體，真可謂得陽剛之美，歎為觀止矣。

4月7日，先生返臺，門棣國立中山大學中文系教授孔仲溫先生病逝，膺懷難堪，賦作〈哭孔仲溫詩〉一首；哀之未盡，復撰輓聯一幅：

翩翩猶記入門來，吟誦詩書歎異才。示爾津途如岳立，嗟余傷逝感心灰。

原期蘇子揚歐學，竟繼章公哭季哀。老淚縱橫灑何處？凝觀遺像曷為懷？

翩翩少年，入我門來，原期蘇子揚歐學，一振杏壇成巨擘。彬彬佳士，悲爾仙去，竟繼章公哭季哀，長留遺憾在吾心。

4月26日，又為文字學會撰祭文一篇：

維中華民國八十九年四月二十六日，歲次庚辰三月二十二日，中國文字學會理事長陳新雄，率全體理監事及會員代表，謹以香花、鮮果、清酒、素饌之奠，致祭於祕書長孔仲溫教授之靈前，而祭之以文曰：

嗚呼哀哉！嗚呼哀哉！仲溫仲溫。同行乍分，誰來釋字？孰與論文？思之悲哽，悲不忍聞。嗟爾幼良，負笈華岡。初涉文圃，已然含芳。凡爾師長，莫不揄揚。期如騏驥，逸足騰驤。君亦昂首，振臂流光。碩士博士，一一知方。登臨杏壇，器宇軒昂。靜宜初試，已紹章黃。聲韻學會，大顯光芒。移駕東吳，吟誦詩書。莘莘學子，顏喜眉舒。人樂其美，同味道腴。閃閃浮光，滄海明珠。如千尋木，如千竿竹。綠葉森森，眾人矚目。四方交聘，終出幽谷。雲飛天外，任君馳逐。中山祭酒，儒林當軸。人皆仰望，式暢爾戩。文字尊崇，四海攸同。會務萬緒，君任其隆。策畫入序，國本以充。祕書長職，綰領胜叢。重印舊籍，已見豐功。萬緒一本，次第宏通。如何不弔？奪我光曜。

如折我臂，中心是悼。世事悠悠，曷寫我愁？自君之去，
謀孰賡酬？人惟君子，旨酒思柔。而今而後，哀思無休。
嗚呼哀哉！來嘗其饈。

4月，先生邀請林慶勳教授蒞臨臺灣師大國文系發表學術演講，
　　講題：〈另闢蹊徑的文化語言學〉。又邀王初慶教授蒞臨臺灣
　　師大國文系發表專題演講，講題：〈談治《說文》學與治古
　　文字學之關係〉。

4月，先生大作《古音研究》榮獲國科會甲種研究獎勵殊榮。

5月，先生於「第十八屆中國聲韻學學術研討會」擔任主持人，
　　並發表專題演講，講題：「聲韻學與古籍研讀」。是月，並應
　　國立中山大學之邀參加「第二屆文藝與文化研究國際會
　　議」，發表專題演講，講題為「追隨東坡遊蹤的詩詞作」。

5月，先生撰《異體字字典・序》。為曾棗莊撰《蘇軾研究史・
　　序》。撰門弟子孔仲溫遺著《玉篇俗字研究・序》，為葉鍵得
　　撰《反訓研究・序》，並撰《古虔文集・自序》。

6月，中國修辭學會在高雄舉行第二屆修辭學會，理事長蔡宗陽
　　（1945-2016）教授所主持之修辭學會，頒贈先生為榮譽會
　　員，並為張娣明〈唐詩三百首律體詩之修辭研究〉作講評。

6月，先生任教上庠歷四十年，作育英才無數。

7月4日，先生即將屆齡退休，受業門棣訂於此日舉辦學術發表
　　會，為先生榮退致敬，以識薪傳之志意。先生作〈退休感
　　賦〉一詩：

六五榮休退亦妍，好攜妻作五湖仙。栽蘭育蕙香盈袖，解
字論音紙積肩。洛社風流二十載，斯文繁衍百千年。親恩
師德心常記，俯仰無慚日麗天。

是年，東吳大學中文研究所張淑惠在先生指導下，通過碩士論文
　　《鍾惺詩經學》口試。

是年，先生弟子文幸福、陳士恆、黃坤堯諸位及友人李鴻烈先
　　生，以先生退休在即，特陪往廣東清遠一遊。在清遠時，廣
　　東清遠詩社李經綸社長來會，先生贈以《伯元和聲・和蘇樂
　　府》一冊。晚，清遠人大主任駱雁秋設晚宴相待，先生亦贈
　　以《和蘇樂府》一冊。席中，李鴻烈先生賦詩贈駱主任，駱
　　主任答詩一首，先生亦有〈即席次韻雁公主任口占〉一首。
　　早飯後驅車離佛岡，向韶關進發，先到南華寺，南華為佛教
　　禪宗六祖惠能（慧能，638-713）駐錫之地。東坡嘗留觀，
　　並作〈南華寺詩〉。先生經此地，亦撰〈南華寺〉一詩：

　　　　為仰東坡拜佛門，曹溪甘露活禪魂。祖師原是盧行者，晚
　　　　學今來陳伯元。聽說高僧遭折磨，盡傳暴政顯啼痕。亭亭
　　　　塔上人知否？無相無聲豈本根。

先生過深圳，參觀世界之窗與錦繡中華等世界與中國之縮影。

7月，門下諸生為紀先生退休，因集議舉辦「紀念陳伯元教授榮
　　譽退休學術研討會」，並出論文集，先生亦趁此機會發表
　　《伯元吟草》、《古虔文集》二新書，同時展出先生之書法與
　　師母之國畫，邀請致詞者有王靜芝（1916-2002）教授、黃
　　天成（錦鋐，1922-2012）教授、師大簡茂發（1941-2015）
　　校長、賴明德副校長、傅武光主任，來賓中有馬正方先生致
　　詞。遠道來參加者有黃坤堯自香港來，李義活自韓國來，瀨
　　戶口律子自日本來，真情可貴。此次會議發起人為林慶勳教
　　授，會務策畫則由李添富教授率領同門師弟妹完成，曾榮汾

教授於論文集之排版下了極大功夫。姚榮松教授於連繫師大校長等人致詞甚有功績，其他則郭乃禎、李鵑娟諸人皆出力甚多。先生與師母二人租車前往新店玫瑰城探訪張夢機（1941-2010）教授，張教授興致甚高，還特地要先生出一題目分韻唱和，先生乃出二題，一為〈走訪夢機分韻得張字〉，一為〈伯元來訪分韻得陳字〉，先生所撰〈走訪夢機分韻得張字〉全詩如下：

為訪騷人上錦堂，時聞陣陣藥爐香。
沈舟側畔勞相問，病樹前頭自可傷。
昔日隨君同夜話，今朝過汝送詩囊。
長吟九轉丹成日，一展清狂膽更張。

臺灣師大國文學系所全體同仁舉行榮退歡送會，頒贈先生「儒林祭酒」銀牌，永留紀念。

8月，先生抵美小休，暫住舊金山。高中同學謝善元伉儷來訪，並招待遊紅木公園。返抵銀泉，全家團敘，享天倫之樂。

9月，先生開租來小轎車與師母二人開車往加拿大，途綺色佳（Ithaca），參觀康乃爾大學（Cornell University），經滑鐵盧（Waterloo）、蒙特利爾（Montréal），抵魁北克（Québec）。魁北克為法語區，風景古蹟不錯。歸途經渥太華（Ottawa），多倫多（Toronto），美國水牛城（Buffalo），從美加兩邊參觀尼亞加拉瀑布（Niagara Falls），各有特色。歸程經過少棒聖地威廉波特（Williamsport）。此行行車逾兩千英里。

10月，先生主持在臺南師院舉行之「第十一屆中國文字學會年會」。

11月，輔仁大學舉辦「千古風流蘇東坡——逝世九百週年學術研討會」，開幕之後，先生發表論文〈竹西詩案〉，由邱俊鵬講評。

11月，先生參加瑞安市舉辦「孫詒讓研究國際學術研討會」，閉幕典禮由先生作專題演講，講題：〈孫詒讓《墨子閒詁》卷一訓詁術語究析〉。先生走訪瑞安市屏星街業師林尹景伊先生故宅，舊貌雖存，已多破損，瑞安市項副市長克力、文化局曾局長大滿、文化局周主任松崗、文物館潘館長知山諸君見先生拜師心誠，乃集議欲重修故居，闢為紀念館，永示後昆，感其用心，賦詩致謝：

瑞安諸子殷勤會，欲復先師往日樓。
倘得重修還舊貌，定當百拜謝新猷。
徒生瞻仰無虛歲，宮廟籌添有大謀。
白髮門人臨故宅，乍聞佳訊涕橫流。

又遊覽雁蕩山、溫江江心洲等勝景。

是年，先生陸續於《國文天地》專欄發表4篇文章，總計發表論文7篇：1.〈剛健婀娜〉，〈蘇詩賞析（四十）〉，《國文天地》，第15卷第8期。2.〈竹西好語〉，〈蘇詩賞析（四十一）〉，《國文天地》，第15卷第10期。3.〈縱橫多態〉，〈蘇詩賞析（四十二）〉，《國文天地》，第15卷第12期。4.〈名花幽獨〉，〈蘇詩賞析（四十三）〉，《國文天地》，第16卷第1期。5.〈聲韻學與古籍研讀〉，輔仁大學中文系：《第十八屆中國聲韻學學術研討會論文集》。6.〈追隨東坡遊蹤的詩詞作〉，國立中山大學文學院：《跨越疆界——第二屆文藝與文化研

國際會議論文集》。7.〈曾運乾之古音學〉，《中國語文》，
　　2000年第5期（總第278期），頁399-406。

是年，指導1位學生完成博士論文：國立臺灣師範大學國文研究
　　所成玲《姚文田之生平及其古音學研究》。

是年，指導1位學生完成碩士論文：私立東吳大學中國文學研究
　　所張淑惠《鍾惺的詩經學》。

中華民國九十年（2001）辛巳　　先生六十七歲

1月，門棣金周生論文《朱熹傳世音韻資料研究》，在先生指導下
　　完成，通過博士論文口試，獲得博士學位，此為先生在輔大
　　所指導第一篇博士論文。

1月，先生赴美，於拉斯維加斯（Las Vegas）小休，租車一輛，
　　開往亞里桑那州（Arizona）拜訪師母昔日之Host Family文
　　斯夫婦。經胡佛水壩（Hoover Dam），實為一大工程。到日
　　西城，住文斯家兩三日，然後赴土桑（Tucson）參觀沙漠國
　　家公園。第一次見外孫麥良靖。

2月，先生聞于大成（字長卿，1934-2001）教授逝世，不勝哀感。
3月4日，先生撰〈祭大成〉一文：

　　　維　中華民國九十年三月四日中國文字學會理事長陳新雄
　　暨全體會員，謹以香花清酌之奠，致祭於于故教授大成之
　　靈曰：
　　　嗚呼大成，生而為英，卒而為靈。早修詩書，復善丹青。
　　書擅米芾，亦造其庭。文化傳統，萃其平生。負笈臺大，
　　如惄長鳴。鶴立同儕，師長群驚。碩士既修，博士誰衡。
　　來投師大，玉振金聲。與君一見，已覺有情。此後卅年，

攜手同征。群魔共舞，姦小縱橫。惟君遇之，揮筆剷平。
我國文字，方正成形。有人妄議，簡筆立名。疇人之中，
立闢其膺。人爭利市，君揚義廷。邪說乃消，文字中程。
非君抗呼，恐久傾崩。知之者少，不說何憑？教授大學，
善誨善耕。剖析疑滯，簡要澄清。舌本粲華，不歇瀾情。
從學多士，隨資有成。教忠教孝，日攜月擎。方期大造，
昊天不靈。病心未已，又奪其生。嗚呼哀哉！而今而後，
孰與同行？獻君一觴，聲淚俱傾。嗚呼哀哉，來享來馨。

3月，先生考取馬里蘭州（State of Maryland）美國汽車駕照。

3月，先生主持銘傳大學主辦之「第十二屆中國文字學會學術研
　　討會」。在世新大學中文系演講：「蘇軾舟中夜起與烏臺詩
　　案」。

4月，中國文字學會再推選先生為理事長。

5月，先生赴中正大學中文研究所演講，講題：「蘇東坡的語言學
　　與詩學」。「第十九屆中國聲韻學會」年會，聲韻學會以先生
　　對聲韻學之貢獻，頒贈名譽會員最高榮譽。

6月，「海峽兩岸漢語史研討會」在北京社科院語言研究所開幕。
　　社科院江藍生副院長主持。先生發表論文：〈蘇東坡之語言
　　學與詩學〉。

6月，先生師黃錦鋐先生八十大壽，賦詩一首、作曲兩首。

6月，先生赴漢城參加「第六屆漢字振興國際會議」。

8月，張家界「第五屆《詩經》國際研討會」，先生發表論文：
　　〈從「燕燕」詩看《詩·序》之價值〉。遊成都參觀熊貓基
　　地、合江樓，錦江公園等名勝。遊都江堰，李冰祠，九寨
　　溝，青城山，峨嵋山，三星堆博物館，武侯祠，杜甫草堂。

「紀念蘇軾逝世九百週年暨中國第十三屆蘇軾學術研討會」，九時正式開幕，由蘇軾學會會長邱俊鵬主持，先生發表論文：〈蘇東坡的語學與詩學〉。赴南京，轉揚州，遊鎮江，探金山寺，抵上海，遊普陀，訪寧波，謁溪口鎮，到紹興，抵海寧，觀錢塘潮。

9月，「章黃學術研討會」開始，由王寧與竺家寧教授主持，先由黃念寧說明籌備《黃侃全書》之經過，然後輪及先生宣讀〈黃侃戊辰五月送潘重規弟歸贛州兼憶劉太希詩究析〉。

9月，先生抵香港，訪香港科技大學，副校長孔憲鐸夫婦招待在該校午餐。

9月11日，石破天驚，911恐怖分子劫持航機，撞毀美國紐約兩棟貿易大樓。

10月，先生長子昌華結婚，在福華飯店會親宴客。

11月，門弟子李添富五十生日，贈以一聯：「門下諸生君獨詣，行年五十苑盈桃。」

11月，先生師黃錦鋐先生中風住萬芳醫院，特往醫院探視，初識黃師公子黃正己世兄。

12月，上旬，先生奉派赴日本東京參加「漢字標準化資訊會議」，先生為本國代表團顧問，特將《異體字字典》顯示各國代表觀賞，各國代表皆讚歎不已。

12月，先生與葉詠琍師母再度結伴遊歐，抵荷蘭阿姆斯特丹國際場，循運河遊覽市區。轉比利時參觀布魯日（Brugge, Bruges），此為蕾絲之都。抵布魯塞爾，往觀灑尿小童曼尼肯（Manneken），人甚擁擠。經滑鐵盧至巴黎，參觀凡爾塞宮，晚遊凱旋門與香榭大道。

是年，先生發表單篇論文5篇：1.〈春夢無痕（上）〉，〈蘇詩賞析

（四十七）〉，《國文天地》，第17卷第1期。2.〈春夢無痕
（下）〉，〈蘇詩賞析（四十七）〉，《國文天地》，第17卷第2
期。3.〈洗兒戲作〉，〈蘇詩賞析（四十八）〉，《國文天地》，
第17卷第4期。4.〈無耐能開頃刻花〉，〈蘇詩賞析（四十
九）〉，《國文天地》，第17卷第7期。5.〈蘇東坡的語言學與
詩學〉，《紀念蘇軾逝世九百年中國第十三屆蘇軾學術研討會
論文集》。

是年，指導3位學生完成博士論文：（一）臺灣師範大學國文研究
所——廖湘美《牟應震古韻學研究》。（二）輔仁大學中文研
究所——1.金周生《朱熹傳世音韻資料研究》；2.崔秀貞《龐
大堃古音學之研究》。

是年，先生指導3位學生完成碩士論文：（一）臺灣師範大學國文
研究所——1.劉雅芳《蘇軾黃庭堅之交游及其唱和詩研
究》；2.李昱穎《音聲紀元音系研究》。（二）輔仁大學中文
研究所——黃蕙心《蘇軾和陶詩研究》。

中華民國九十一年（2002）壬午　　先生六十八歲

2月，先生為于大成遺著撰《淮南鴻烈論集・序》。

3月，先生赴香港大學參加「第一屆語言文字國際學術會議」開
幕，發表〈聲韻學與古籍研讀之關係〉一文。

3月，先生〈為《禮記・學記》「大學之教也」段進一解〉，刊登於
《南京師範大學文學院學報》2002年3月第1期，頁155-159。

4月，先生門棣葉鍵得〈學人專訪——訪中華民國聲韻學學會創
辦人陳新雄教授〉，刊於《聲韻論叢》第12輯（中華民國聲
韻學學會，臺北：臺灣學生書局），頁1。

4月，成功大學主辦「第二十屆聲韻學術研討會」，先生應邀參加
主題演講，講題是〈中華中華民國聲韻學會二十年〉。

4月，先生門弟子姚榮松教授邀先生到臺灣師大國文系演講，講
　題是〈蘇東坡的語言學與詩學〉。又應邀到中正大學演講，
　主講〈蘇東坡詞「念奴嬌・大江東去」賞析〉。

4月19日，先生應北京清華大學中文系之邀，首途往任客座教授
　兩月。趙麗明教授十分熱情，令先生不便推辭。清大上課，
　人地生疏，趙主任特令碩士研究生謝玄、張丹二人為先生助
　理，隨時解決人地生疏之困擾。趙麗明教授邀先生參加該所
　指導學生馬又清「瓦羅《華語官話語法》研究」論文答辯口
　試委員。此為先生第一次參加大陸大學碩士論文口試。

4月，先生應邀為北京外國語大學出版社講〈詩詞吟誦與賞析〉，
　聽眾反應奇佳。

5月，趙誠教授與其弟子陳曦教授陪先生遊清帝陵墓西陵。朱靖
　華教授與北京泓書苑文藝有限公司王彬彬、姜江兩位小姐陪
　同，前往北京北郊龍慶峽一遊。清華詩社邀先生主講〈詩詞
　吟誦與賞析〉，聽眾爆滿，甚至於有人站著聽兩小時，可見
　古典詩詞仍是十分吸引人。

5月，「海峽兩岸傳統文化與現代化學術研討會」，先生發表論文
　〈文化傳承與小學語文教材〉，並賦詩兩首：

（一）
中華文化有輝光，百世傳來尚覺芳。
海峽雙邊肩重任，鳳凰浴火莫彷徨。
（二）
黃河黃，長江長。嗟哉我中國，千萬里封疆。歷史五千
年，文化有輝光。兩岸同攜手，快步莫彷徨。熔鑄新與
陳，聲威邁漢唐。科技不如人，猶可師彼良。文化若無
根，雖存猶若亡。念此增感慨，不息憑自強。

5月，先生應蘇州大學中文系之邀對該系師生演講，主講：「蘇東
坡之語言學與文學」。社科院語言研究所邀先生作學術演
講，主講：「陳澧系聯《廣韻》切語上下字補充條例補例」。

5月，朱靖華教授夫人陪同前往北京懷柔區一遊紅螺山南麓紅螺
寺。又應南開大學中文系之邀，與該校研究生講「詩歌吟誦
與賞析」。天津師範大學中文系陳燕教授特來南開大賓館相
迎，赴天津師範大學講演，主講題目仍為「詩歌吟誦與賞
析」。

6月，先生應北京大學中文系之邀作專題演講，講題是「蘇東坡
的語言學與詩學」，聽講的人不少，先生很感謝蔣紹愚
（1940-）先生，親自到來接　先生，並相陪一下午。薛巨
滿先生與趙誠，陪同前往清東陵參觀，清東陵葬五帝，順治
孝陵，康熙景陵，乾隆裕陵，咸豐定陵、同治惠陵五帝。

6月，先生應北京大學旁一耽學堂之邀，再請先生往北京大學演
講，講題為「音響與聲情之關係──以蘇東坡詩為例」。北京
師範大學王寧（1936-）教授與其學生鄒小雯前來先生處相
邀，前往北京師範大學作一學術演講，主講：「蘇東坡之語
言學及其詩學」。

6月，夏傳才教授邀先生參加9月在河間舉行的「河間建設座談
會」。謝玄陪同黃國營副主任前來送行，黃副主任為不能辦
成長期兼職教授一事，旋蔣紹愚先生亦來送行。十時半，先
生在張美蘭教授、謝玄及張丹陪同下，搭上計程車，辭別了
講學二月的清華大學，與黃蔣二人握別，向機場進發。

7月，先生擬將《佩文韻府》與《駢字類編》二書合為一書，以利
後來作詩者之參考，而取名為《詩韻駢府》，已開始工作。

6月，龔煌城（1934-2010）教授贈先生《西夏語文研究論文集》
一鉅冊。

8月8日，先生將《東坡詩選析》殺青，序文完成，正值父親節，故在序文之末，特將此書獻於先生父親在天之靈，以感謝昔年撫育之恩。臺北：五南圖書公司副總編輯王秀珍來舍，洽談出版《東坡詩選析》一書之出版事宜。

8月，先生與臺灣師大國文系李爽秋（鑒，1927-）教授伉儷及廖志超、孫永忠、黃志誠等學生共作躍馬中原之旅。到鄭州於黃河沙洲仰觀楚河漢界之鴻溝。依次參觀新鄭黃帝故居、經中牟縣及官渡古戰場、開封、嵩山書院、少林寺。至洛陽、參觀白馬寺、關林、龍門石窟、仰韶文化遺址、函谷關。轉晉南解縣，參觀關羽廟。參觀普救寺、虢國博物館。由鄭州向東經淇水、浚水、濮水，此皆《詩經》所見水名，特別親切，抵安陽。參觀放大之甲骨文碑林，參觀林縣，上太行峽谷，雄奇無比。

8月，先生參加「紀念蘇軾葬郟九百年暨第十四屆蘇軾學術研討會」開幕典禮，參觀三蘇祠東坡碑林，先生所寫蘇軾〈大江東去〉詞亦勒碑其中。宣讀論文〈蘇軾「賀新郎」詞寄託意義探索〉。赴河間參加「《毛詩》發祥地考察暨研討會」。到滄縣參觀紀昀墓。

8月，先生赴福州參加「第四屆閩臺辭章學研討會」，發表〈蘇軾「蝶戀花・花褪殘紅青杏小」一詞的寫作年代與寄託意義蠡測〉一文。

8月，學生杜忠誥（研農，1948-）來訪，並將博士論文《說文篆文譌形釋例》送來一份。

9月28日，教師節有六萬教師前來臺北遊行請願。

10月6日，先生〈梅祖麟「有中國特色的漢語歷史音韻學」講辭質疑〉一文，脫稿於臺北市和平東路二段鍥不舍齋。

10月，免疫科黃德豐大夫建議先生服用中藥黃蓍湯，以增進免疫力。

10月，先生為維護師門清譽，特撰〈梅祖麟有中國特色歷史音韻學質疑〉一文，以批駁梅氏。分別寄給魯國堯、唐作藩、郭錫良、何九盈、陸儉明、徐通鏘、耿振生、蔣紹愚、侯精一、許嘉璐、王寧、劉廣和等十二人。

10月，龔煌城教授贈先生近著《漢藏語研究論文集》，特致函申謝。

10月，陳水扁以總統之尊，親率群眾走上街頭，只為支持其同黨之李應元競選臺北市長而已，演講詞中盡多挑族群之激動言辭，如此元首，天下罕聞。走上街頭者欲向執政者討公道耳，陳氏自己執政向己討公道，又何須走向街頭，徒費社會成本而已。

11月13日，臺灣大學中文系主任葉國良（1949-）先生邀先生往臺大中文系作一次演講，講題為「蘇東坡的語言學與詩學」。此乃先生首次到臺灣大學講演。

11月，先生參加贛州市主辦「贛臺客家文化學術研討會」，宣讀論文〈贛州第一大詩人陽孝本〉。往龍南關西看圍屋，圍屋者，客家人集居之屋也。應贛南師範學院中文系之邀，以「蘇東坡的語言學與詩學」為題，作一次演講，聽講者逾二百人。參觀鬱孤臺與八境臺。與先生舍妹福華全家合影於贛州故居磨角上。

11月，輔仁大學與中國聲韻學會共同舉辦之「上古音專題學術研討會」，先生主講：「古韻三十二部音讀之擬測」。贈書贛南師範學院中文系，價約四千餘元。

12月，先生代治喪委員會撰〈祭王靜芝教授文〉。

12月，黃念寧寄來《黃侃日記》二冊。

12月，臺北師範學院應用語文研究所邀先生演講，主講題目為「蘇東坡的語言學與詩學」。

12月，香港大學主辦「明清學術會議」，先生宣讀論文〈江永古韻學說對段玉裁古韻分部的啟示〉。

是年，《科學中國人》2002年第6期，「行板如歌」頁12-13，刊登該刊記者喻言報導文章：〈手持彩筆話西游──記臺灣師範大學國文系教授陳新雄博士〉。

是年，先生為香港僑生葉國威（字君重）書俞平伯（1900-1990）詩卷題跋。引首章鈐有「平安」、「自得」二長方陽文篆印。

　　槐陰古道最宜行，二校門前剩舊形。
　　左有清華園錦繡，後看聞宥像零丁。
　　荷塘月色自清筆，國士碑前寅恪銘。
　　王趙梁陳一時出，彬彬君子久成靈。

　　壬午春，余應清華大學中文系邀，講學二月餘，寄寓普吉樓。前有槐陰古道，右為南園；趙元任、陳寅恪諸公，嘗卜居於此。君重弟得古槐書屋詩數首，屬題，因寫〈清華園〉一詩，以歸之。　古虔陳新雄（下鈐「陳新雄印」陰文篆印、「伯元長壽」陽陰篆文合珠印）

是年，發表單篇論文5篇：1.〈宛丘先生〉，〈蘇詩賞析（五十）〉，《國文天地》，第17卷第11期。2.〈孤山孤絕〉，〈蘇詩賞析（五十一）〉，《國文天地》，第18卷第1期。3.〈江心炬火〉，〈蘇詩賞析（五十二）〉，《國文天地》，第18卷第3期。4.

〈美人破顏・驚塵濺血〉，〈蘇詩賞析（五十三）〉，《國文天
地》，第18卷第6期。5.〈從「燕燕」詩看《詩・序》之價
值〉，《第五屆詩經國際學術研討會論文集》。

是年，先生指導2位學生完成碩士論文：臺灣師範大學國文研究
所——1.潘柏年《《切韻》性質研究》；2.吳家宜《古音對轉
說研究》。

中華民國九十二年（2003）癸未　　先生六十九歲

2月，先生赴美與兒孫團聚，共享天倫之樂。

3月，先生〈梅祖麟「有中國特色的漢語歷史音韻學」講辭質疑〉
一文，刊登於《語言研究》2003年3月第23卷第1期，頁28-
36。

3月，先生購馬自達型轎車一輛，以便在美代步。編《詩詞作法
入門》擬為華府諸碩彥講解。重新圈點《老子》畢。

3月，臺北：五南圖書公司為先生出版《東坡詩選析》（590頁），
今寄來四十冊。門弟子曾榮汾教授寄來影印《中華新韻》，
極為感謝。

3月，先生門弟子姚榮松教授母郭太夫人仙逝，撰輓聯一副輓之：

　　竊喜令郎跡我蹤，韻學終能成祭酒。
　　今悲賢母歸仙界，慈容永去有遺思。

4月，先生恭輓潘石禪（重規）夫子。

　　憶昔從師四八年，音聲笑貌在顏前；
　　傳經早紹司農業，解字咸推叔重賢。

石窟寫經新活計，紅樓奇夢舊因緣；

深仁我有終身感，獨對遺容淚湧泉。

4月，先生完成為林葉萌遺著《蘭韻》所寫之序。

4月，大陸、香港、臺灣、星加坡、多倫多煞斯（Sars）猖獗，
奪命不少。

5月，先生在海珍樓為華府詩友社講：「聲響與文情之關係——以
東坡詩為例」。又在凱仁學苑講授「詩詞作法入門」，每週五
兩小時，主要對象為年齡稍大，而有作詩情趣者。重讀王文
誥《蘇文忠公詩編註集成》四十五卷畢。遷居洛城金堡街。
蘭女貸款購置者，較銀泉為寬大，且交通亦較方便。

5月，先生子昌蘄媳楠產一女嬰，由先生取名為良瑀，自本年
起，先生又升格為祖父矣。

6月，先生〈梅祖麟「有中國特色的漢語歷史音韻學」講辭質
疑〉一文，刊登於《南京師範大學文學院學報》2003年6月
第2期，頁118-126。

6月，先生初識嘗為中華中華民國政府原子能委員會主任委員的
許翼雲（1930-）先生，其兄許倬雲（1930-）為中央研究院
院士，國際知名學者。

6月，先生讀畢潘弘輝著《李叔同傳奇》。

9月，先生駕車往田納西州大煙山國家公園參觀。填〈芳草渡·
大煙山之旅用歐公梧桐落韻〉一首：

晴空好，正中秋。山川麗，雨初收。遊山結伴散閒愁。雙
攜手，煙霧裏，覽山頭。

天涯遠，無別怨。靄靄煙波一片。山如黛，水清流。遊蹤
畢，心激蕩，賦登樓。

9月，先生與師母結婚四十週年。填〈更漏子・結婚四十年用歐
　公風帶寒韻〉詞一首：

　　　看晚晴，心正好。蘭蕙栽成人老。情脈脈，思依依。相
　　攜緩緩歸。
　　　牽簾幕，安巢閣。共歎春花零落。惜餘日，比肩飛。欣
　　看月滿衣。

10月，先生應德洛威州威明敦華人讀書會之邀，前往主講：「從蘇
　東坡的詩看響與文情的關係」一題。聽講人不少，比起華府
　來，殆有過之而無不及，帶去十二本《東坡詩選析》，也競
　售一空。
10月，蔣夫人宋美齡（1898-2003）女士逝世於紐約，享壽106
　歲，悼之以〈蔣夫人宋美齡女士輓詞〉：

　　　中華民國蔣夫人，一世英聲不帝秦。
　　　抗戰敦盟能睦美，救夫奔義早忘身。
　　　最欽獨眼分邪惡，卻怨當朝無直臣。
　　　坐令巨姦摧憲法，此番遺恨永難伸。

11月，先生應邀於「第三屆中國經學國際學術研討會」專題講
　演，主講：「《禮記・學記》不學博依不能安詩義索解」。
11月，先生應大華府地區書友會之邀，在波多瑪克交誼中心作公
　開演講，主講：「東坡幾首寄託詞賞析」，反應熱烈。
11月，先生往萬盛街探望黃錦鋐夫子近況。黃師見先生至，情緒
　激動，狀極高興。讀《鍾理和日記》，以本省人論二二八事
　變，極為公允，今之臺灣難見此等大公無私之人也。

12月，「漢語歷史音韻學學術研討會」圓滿召開，發表論文者不少，除先生發表〈梅祖麟「有中國特色的漢語歷史音韻學」講辭質疑〉外，尚有林慶勳教授〈傳什麼給下一代——漢語史音韻學接力賽的省思〉、曾榮汾教授〈梅祖麟「有中國特色的漢語歷史音韻」講辭讀後感〉、姚榮松教授〈從辭源研究的歷程看漢語歷史音韻學的傳統與創新〉、張慧美〈論王力先生在上古音的兩點頁獻〉、潘柏年〈梅祖麟「中國語言學的傳統與創新」商榷〉、陳梅香〈章太炎方言研究的保守與創新〉、張意霞〈王念孫《廣雅疏證》訓詁術語「語之轉」析論〉、何昆益〈諸家質疑梅祖麟「有中國特色的漢語歷史音韻學」述評〉。

12月，蘇學專家孔凡禮（字景高，1923-2010）先生自北京贈先生《蘇轍年譜》及《孔凡禮古典文學論集》各一冊。

是年，發表單篇論文3篇：1.〈瓊雷隔海・許遙相望〉，〈蘇詩賞析（五十四）〉，《國文天地》，第18卷第8期。2.〈千山鱗甲・萬壑笙鐘〉，〈蘇詩賞析（五十五）〉，《國文天地》，第18卷第11期。3.〈梅祖麟「有中國特色的漢語歷史音韻學」講辭質疑〉，國立臺灣師範大學國文系主辦：「漢語歷史音韻學學術研討會」。

中華民國九十三年（2004）甲申　　先生七十歲

1月1日，中華民國開國九十三年元旦，藍綠兩陣容均在總統府前共同升起青天白日滿地紅的國旗，共同唱起國歌來。

1月19日，女棣成玲完成先生七秩華誕紀事年表。

是年，先生將舊電腦中檔案救回，擬將單篇文章彙集為《家國情懷》一書，仍請沈謙（1947-2006）教授寫序。

是年，先生門棣姚榮松教授為先生購買一本《李方桂先生口述
　　史》，談到一些過去的朋友學生，裏頭談到李壬癸（1936-），
　　很為嘉勉。對章太炎（炳麟，1869-1936）、黃侃（字季剛，
　　1886-1935）沒有說過「胡來」的話，則梅祖麟（1933-）講
　　辭中說李方桂（1902-1987）先生所說「胡來」之言，為梅
　　所捏造，尤其顯然。

是年，先生門弟子廖志超來，繳交博士論文《蘇軾辭賦理論及其
　　創作之研究》，詳為批閱。

是年，先生開始於每週六上午九到十二點，開啟「聲韻講座」共
　　計四年，每年上學期舉辦，剛來臺灣師大國文系服務的許雯
　　怡助教擔任講座助理。

中華民國九十四年（2005）乙酉　　先生七十一歲

8月15日，先生賦撰師大憶往詩稿，自注《師大國學名師》23位
　　名師組詩：1.〈潘先生石禪〉；2.〈唐先生士毅〉；3.〈程先
　　生旨雲〉；4.〈許先生詩英〉；5.〈林先生景伊〉；6.〈高先生
　　笏之〉；7.〈王先生偉俠〉；8.〈高先生仲華〉；9.〈宗先生孝
　　忱〉；10.〈王先生壽康〉；11.〈李先生辰冬〉；12.〈龔先生
　　沐嵐〉；13.〈汪先生薇史〉；14.〈嚴先生賓杜〉；15.〈章先
　　生銳初〉；16.〈牟先生宗三〉；17.〈閔先生守恆〉；18.〈張
　　先生起鈞〉；19.〈熊先生翰叔〉；20.〈魯先生實先〉；21.
　　〈華先生仲麔〉；22.〈李先生漁叔〉；23.〈黃先生天成〉。

9月，先生完成《訓詁學》（下冊）一書，由臺北：臺灣學生書局
　　出版。

是年，指導1位學生完成博士論文：臺灣師範大學國文研究
　　所——張意霞《王念孫《廣雅疏證》訓詁術語研究》。

是年，先生指導1位學生完成碩士論文：玄奘大學中國語文研究
所——柯響峰《《白虎通義》音訓研究》。

中華民國九十五年（2006）丙戌　　先生七十二歲

4月27日，19：00至21：00，先生應邀於臺灣師大教育大樓201演
講廳，專題演講：「師大50年——我從事國學研究之緣起經
過與成效」，由爽秋李鍌教授擔任主持人。

6月，先生賦〈阮郎歸・杭州西湖紀念《周禮正義》出版百年暨陸
宗達先生百年誕辰學術研討會・用山谷黔中桃李可尋芳韻〉
詞一闋，刊登於《文化月刊・詩詞版》第五期〈港臺清吟〉：

儒林先後各流芳，研經作注忙。書中自有濟時方，汨汨早
盈香。

清夜夢，入詩囊，思潮湧碧江。張揚五典作羅裳，百年歲
月長。

是年，四川大學中文系張志烈（1937-）教授年屆七十，先生聞
之，賦〈八聲甘州・壽志烈兄七十用東坡友情風韻〉詞一
闋，自美國相寄，刊登於《岷峨詩稿》第八十三期，頁31-
32：[4]

---

4 貴三按：張志烈教授亦依先生韻奉和〈八聲甘州〉：「僕屆七十，臺灣陳新雄教授聞
之，作〈八聲甘州〉，用東坡『有情風』韻，自美國相寄。時余小住廣州，歸成都
始見。爰依韻奉和，寄臺北。——望神州上下五千年，道義立依歸。嗟斯文不墜，
英豪代出，山水揚暉。霽月峨眉初照，讜論滌塵非。青眼橫牛斗，妙暢玄機。
磊落瓊瑰艷發，盡彈丸脫手，駿馬穿霏。看胸羅雲夢，圖畫世間稀。喜蒹葭、肩隨
玉樹，到七旬詩酒未離違。西川路、桃穠李燦，更待裁衣。」

憶當年萬里四川來，周流竟忘歸。看三蘇庭院，市廛雕
像，久立斜暉。傾蓋相逢一面，頓覺俗人非。惟有君和
我，一語投機。

從此心期交往，讓詞來詩去，玉屑輕霏。喜吾兄長壽，今
晉古來稀。賦新辭，郵傳祝福，願賓鴻野燕莫相違。期頤
歲、賢孫孝子，更舞萊衣。

是年，指導2位學生完成博士論文：（一）中山大學中文研究
　　所——戴俊芬《洪亮吉《漢魏音》研究》。（二）輔仁大學中
　　文研究所——李秀娟《黃季剛先生說文學之研究》。

是年，先生指導1位學生完成碩士論文：臺灣師範大學國文研究
　　所——吳文慧《《四聲等子》與《經史正音切韻指南》比較研
　　究》。

中華民國九十六年（2007）丁亥　　先生七十三歲

1月，先生撰稿〈膺選國立臺灣師範大學名譽教感賦〉：

近從開府（開府謂師大國文系系主任，嘗從余受業）聞渠
說，名譽頭銜（王主任語我師大校務會議已通過我為國文
學系名譽教授）許我身。學不厭人猶有待，教無倦事尚堪
倫。撞鐘叩響余心喜，宣鐸搜才眾士親。泉下陰靈如得
見，想必恩師（恩師謂先師林景伊教授也）亦笑囅。

1月30日，星期二，賴貴三教授謹步和〈誦伯元師膺選本校名譽
　　教授感賦詩，敬步原韻以賀以祝〉於師大「屯仁學《易》咫
　　進齋」，時寒流強襲，而冬陽溫煦，彷彿先生春風照拂，良可
　　樂也。

喜聞夫子傳嘉譽，實至名歸濟道身。

鼎泰包蒙儒學正，豐頤顯比聖功倫。

從心所欲神思旺，隨遇而安體性親。

四代薪傳尊德業，中孚大有士林嚬。

8月15日，先生賦撰〈丁亥孟秋次韻翼雲詩友雅敘二首〉：

佳朋今日喜相逢，詩教弘揚立意同。

客誦陰陽相對說，鏗鏘自在苦吟中。

風雅如今豈易逢？弘揚詩教此情同。

一吟一詠心相契，賓主歡聲滿座中。

9月15日，先生電請賴貴三教授代擬門棣李添富教授賴媽太夫人
靈幃：

子五孝，女五賢，十全十美，母儀典範，恪勤紹祖澤。

彰四德，篤四端，八道八方，鄉梓揚聲，敦厚傳家風。

國立臺灣師範大學國文學系名譽教授　陳新雄　敬輓

是年，先生〈八聲甘州・壽志烈兄七十用東坡有情風韻〉，刊登
於《岷峨詩稿》，第83期。

中華民國九十七年（2008）戊子　　先生七十四歲

3月9日，先生發表〈「算詩人相得如我與君稀」稀在何處 —— 東
坡「八聲甘州・寄參寥子」詞賞析〉與〈蘇東坡的高標風
格〉。

5月6日，先生於臺灣師大國文學系專題演講「學思歷程」。

5月24日，先生賦詩遙賀陳麗桂女弟膺選國立臺灣師範大學文學院長：

> 萬里他鄉訊息臻，欣聞祭酒出雲塵。
> 梅香竹節人同仰，漢賦唐詩世所親。
> 兒女所傳惟骨肉，生徒相繼乃精神。
> 卅年壇坫殷勤會，老境終能耳大鈞。

6月30日，先生撰〈聲韻與文情之關係——以東坡詩為例〉，脫稿於臺北市和平東路二段鍥不舍齋。

7月6日，先生發表〈孔子與詩經〉。

7月7日，先生發表〈聲韻與文情之關係——以東坡詩為例〉。

7月8日，先生賦〈壽幸福弟六十雙慶（七月十二日）〉：

> 幸福如今六十春，豪情相伴卅年輪。
> 府中佳蕙時盈馥，壇上天桃亦出塵。
> 兒女所傳惟骨肉，生徒相繼乃精神。
> 喜君夫婦皆門下，攬筆題詩意更親。

7月29日，先生發表〈蘇東坡詠物詞「賀新郎・乳燕飛華屋」詞旨探究〉。

11月11日，先生發表〈聲韻學與古籍研讀之關係〉。

12月3日，先生發表〈治學與教學〉。

是年，先生指導2位學生完成碩士論文：（一）臺灣師範大學國文研究所——翁慧芳《《韻鏡》及《七音略》之比較研究》。

（二）輔仁大學中文研究所──《俞樾《群經平議》訓詁術語研究》。

中華民國九十八年（2009）己丑　　先生七十五歲

3月2日，先生於華仲麐師百歲冥誕，填〈南鄉子・仲翁師百歲冥誕無限哀思用山谷未報賈船回韻〉詞一闋，以寄哀思：

> 又是一春回，九載幽明久隔開。想及當年遺愛在，沾衣。
> 不為麐翁更為誰？常憶傲霜枝，送雨東風細細吹。百歲今
> 來心動我，振頹。師道相傳那許衰。　　民國九十八年三
> 月二日歲次己丑仲春二月初六日受業古虔陳新雄恭撰

7月9日，先生賦〈次韻敏翔學友捍衛中華民國〉詩稿：

> 選舉紛紛鬧，獨臺恨何深？貪污能不罪，立國失初心。
> 時勢英雄意，鳴聲擲地金。鐵肩擔道義，佳樹自成林。[5]

8月11日，先生賦〈高山仰止景伊師〉詩稿。

> 瑞安佳山水，[6]誕育蓋代豪。學術世其家，父祖同翔翱。[7]
> 幼從名父教，聲如鶴鳴皋。十六抵舊京，驥子日相高。

5　附：高敏翔〈捍衛中華民國〉：「國破臺灣在，神州法力深。護權縈舊夢，嘩眾背初心。解放擎天柱，開通擲地金。返聯求一統，分久望歸林。」

6　瑞安市郊有座雁蕩山，有大龍湫，是中國四大瀑布中落差最大的瀑布，溫江有江心亭，文天祥抗元入侵，曾抵此處，今仍留有遺跡。

7　先生祖父養頤公、父林辛字次公、仲父林損字公鐸，皆一世大儒。次公與公鐸曾聯袂講學於北京大學。

負笈入黌宮，鴻儒始相遭。[8]賦詩初明志，千載慮不撓。

蘄春投慧眼，立意欲雕篆。攜歸館於居，圖書相匭勉。

先究《說文》學，再窮《廣韻》簡。《爾雅》次第尋，小學游之遍。

課餘吟詩賦，暇日讀《文選》。莊荀四史畢，抽毫圈眾典。[9]

先生學既成，同門莫與爭。改轍叩北大，國學門揚旌。

導師劉半農，語音一葦橫。溫州方言就，試委咸相驚。[10]

蘄春命講學，弱冠河北行。碩儒與老師，皋比共一庭。[11]

先生登壇席，辭令縱橫劇。舌端綻藜華，滿腹盡通籍。

強記已過人，鈔義一一擲。天才本瑰偉，講述自無隔。

頡頏群師儒，固足探淵賾。所育多士中，盡能成巨擘。[12]

抗日聖戰興，強幹負重能。燕京西山下，游擊屢騰升。[13]

才略出群倫，風雲寵命膺。出掌漢口市，理亂無遐邇。

託身虎穴中，不少怯其志。強寇相周旋，蹈險亡生死。

---

8 先生十六歲考入北京中國大學中文系就讀，始遇蘄春黃季剛先生，黃先生以秋夜感懷題命賦詩一首，先生所賦詩云：「白露曖空月滿天，更深景物益悽然。悲秋蟋蟀鳴東壁，落葉梧桐逐逝川。大塹移舟唯有限，煦魚失水待誰憐？百年身世千年慮，幾度寒窗夜不眠。」季剛先生以為百年身世而有千年之慮，將來必為傳世之人，因攜之家嚴加督教。

9 先生嘗語我，在季剛先生家兩載，一生學問奠基於此時。分析《廣韻》、圈點《說文》、參校《爾雅》，並讀《昭明文選》、《文心雕龍》，諸書之外則圈點《資治通鑑》、四史、十三經與莊、荀諸子。幾乎讓讀之基本書籍，於此兩年之中皆已閱畢。

10 先生中國大學畢業後，考入北京大學國學門研究。其論文指導教授為劉半農，以〈溫州方言研究〉畢業，考試委員為錢玄同及趙元任。

11 先生得黃季剛先生之介受聘為河北大學教授，中文系系主任為駱鴻凱。

12 先生除講學於河北大學外，其後復受聘為金陵女子大學、國立北平師範大學教授，與當世碩儒錢玄同、黎錦熙等同擁皋比。

13 抗戰軍興，先生以強幹能任重，才略出群倫，受樞府特達之知，派赴華北，組訓民眾，游擊西山，予敵偽以致命打擊。

屢建殊勳後，奇功無可擬。長沙三大捷，雲峰自此起。
六蒙總裁獎，先生無憂喜。¹⁴敵偽視巨患，在胸如懷炭。
終為所劫持，移送至滬畔。百端相脅誘，秉志莫可換。
生與死相逼，正氣凝不渙。耿耿孤忠在，丹心更璀璨。
獄中絕命詩，血淚人人讚。此心同日月，此意擬冰雪。
日月長光輝，冰雪終皎潔。昔思李郭功，今灑文山血。
忠義分所安，慷慨成壯烈。生死寄微吟，頭顱血仍熱。
文山與可法，先後騰史筆。汪酋屢勸降，忠義世無雙。
生則望成功，死亦氣勢龐。不負少年頭，成仁報家邦。¹⁵
幽囚心無窮，脫身出牢籠。直奔行都去，人謂聲望隆。
當膺重任寄，乃再教黌宮。倭寇投降日，官授浙滬雄。
人皆權謀私，先生秉大公。眾望實所歸，國代膺其躬。¹⁶
崑岡火燎赤，洪流滿華域。挈家抵臺灣，顛沛不安席。
人不堪其憂，先生乃自得。應聘來師大，登壇樂無極。
誨人勤不倦，金針算籌策。人人得所願，咸能各振翼。¹⁷
講學揚名聲，四方爭相迎。政大東吳外，輔仁文化承。

---

14 先生因組訓民眾，績效卓著，為樞府所知，選拔為中國國民黨漢口市特別市黨部主
　任委員兼縮游擊，其時漢口阽危，淪陷在即，先生受命於危難之間，託身虎穴，與
　強寇相周旋。先生與余言，長沙三次大捷，即先生取得日軍作戰計畫，因建殊勳，
　凡六蒙總裁嘉獎。

15 敵偽引為巨患，必欲得之而甘心。民國三十年，卒為所劫持：由漢而寧而滬，脅誘
　百端，先生終不為屈。先生嘗為余言，汪逆為威迫先生，嘗拉出槍斃，前後三次。
　又因汪與季剛先生相稔，嘗以偽教育部長為誘，先生毅然拒絕，並引汪逆詩「引刀
　成一快，不負少年頭」相答。汪知不可屈，因囚於滬濱。

16 幽囚半載，屬有天幸，得脫身走香港，奔赴行都，復為教授於國立四川大學。迨土
　重光，先生受命為國民黨浙滬特派員，負責接收工作。至政體丕新，先生以眾望所
　歸，膺選為行憲第一屆國民大會代表。

17 大陸淪陷，先生攜家來臺，應聘為國立臺灣師範大學教授兼國文研究所所長。

學識自淵博，造詣更深宏。中外來學者，無不德業馨。

韓人為感德，市鑰贈漢城。名譽頒博士，建大顯聲名。[18]

講學隆聲譽，著述更廣布。等身不足論，汗牛充棟宇。

考據與辭章，義理咸堪敘。學術思想出，目張綱始舉。

聲韻撰通論，為學典基礎。小學更多途，文字加訓詁。[19]

《周禮》有經綸，富國先富民。沈思與翰藻，兩漢三國文。

中文大辭典，字書領群倫。收字五萬餘，詞彙十萬臻。

景伊詩鈔出，論詩妙入雲。論文上百篇，篇篇盡有神。[20]

高瞻心能了，文字進電腦。先成標準樣，使用無煩惱。

文化根基在，凡人豈能曉。國文研究所，當如文化堡。

重責在吾肩，榮名以為寶。常勉諸生知，盡力無草草。[21]

追陪侍几筵，荏苒廿七年。度我以金針，治學得要玄。

---

18 三十餘年來，先生除職師大國文研究所外，復受聘為國立政治大學、東吳大學、文化大學；淡江大學、輔仁大學，造就人才甚夥，今皆為國內外大學之良師。國外學生負笈來臺，北面受學者至夥，而韓國人才尤盛，學成歸國教授，卓樹名業，韓人銘謝先生之功，韓國建國大學特贈以名譽文學博士學位，漢城市並贈以市鑰，款為嘉賓。

19 先生之學無所不窺，昔人以為義理、考據、辭章為學問之三途者，先生蓋兼善焉。至出乎其類，拔乎其萃者，於小學則最擅聲韻，此師承也，於義則精於老莊，此家學也。師承家學，皆得其傳，誠所謂名父之子，名師之徒也。

20 先生著作等身，其專門著述已刊布者，計有《中國學術思想大綱》、《中國聲韻學通論》、《文字學概說》、《訓詁學概要》、《周禮今註今譯》、《兩漢三國文彙》、《中文大辭典》、《大學字典》、《國民字典》、《景伊詩鈔》等多種，專著之外，尚有論文百十篇，皆持論正確，得其要旨。

21 先生維護中國文字與中國文化不遺餘力，每課諸生，亦以發揚固有文化相期勉。先生以為我國優美文化藉文字以表現，如文字遭破壞，則斷絕文化之命脈，故於中共之簡化文字，破壞文字之美觀，混亂文字之使用，深惡痛絕，乃與友好生徒共組中國文字學會，先生被推為理事長，以維護固有文字為己任。並受教育部之委託，領導生徒整理中國文字，研定標準字體，目前已由教育部公佈，舉國通行，今中文電腦用字，即先生與生徒共同研定者，此皆先生之卓識，有以致之也。

引我入鬒宮，始與人爭妍。鳥飛同魚躍，海空闊無邊。
門人逾千百，敢不拜師傳。昔講學香港，聞病即來前。[22]
病榻側侍藥，晝夜無敢略。相看知有意，溫恭應嚴恪。
絕業當傳世，切勿任寥落。余領首受旨，欣然可傳鐸。
無人為之先，後人難摸索。無人為之後，聲名何所託。[23]
一去鬱重陰。師門恩義深。哀歌和淚下，難聽我重吟。
治喪逾一月，聊盡弟子心。壇坫昔見稱，培育若春霖。
念茲常在茲，寤寐亦常欽。百歲今辰誕，腸迴百慮侵。
源遠流自長，花殘尚留芳。百代宗師在，振頹道已皇。
從今天下士，咸能知義方。[24]

8月28日，先生賦〈漁家傲‧八八水災重有感用山谷萬水千山來
此土韻〉與〈漁家傲‧八八水災後致馬英九用山谷三十年來
無孔竅韻〉詞二闋。
8月29日，先生修訂完稿。

滔滔洪水渾黃土，臺灣破損非關武。水利工程全不顧，瘋
狂語，天然險海誰能渡？
數典竟忘還有祖，貪污錢去憑何付？村舍盡隨波浪去，君
知否？大災來日無逃路。

---

22 新雄自民國四十五年大學一年級從先生受大一國文始，先後從先生受詩學與習作、
四書、訓詁學、中國哲學史，並從先生學聲韻學。自入研究所，復從先生受《廣
韻》研究、古音研究、《說文》研究、中國文字綜合研究等課程，先後受教二十七
年，影響我一生之學問至大至深，感激無既。
23 民國七十二年，余講學香港浸會學院，接耀曾世兄電話，聞訊即返臺，病榻侍疾。
先生逝世，余經理其喪，先後一月有餘，俟入葬五股墓園後，始重返香港結束課務。
24 今歲先生百歲誕辰，受業生徒感念師恩，籌辦紀念先生學術研討會，推余作先生生
平事蹟報告，因賦長詩，概括先生一生志事，以為與會諸君告。

治國虛方當鑿竅，全般政局應籠照。莫學諸兒頭叩了，真緊要，劉邦非秀能提調。

興漢還需圯上老，拈花莫要純年少。誰說磻溪人莫曉？無玄妙，魏徵善諫唐宗笑。

9月24日，先生修正〈慰在我弟草風樓遭火劫〉詩字句：

屢蒙邀訪草風樓，頻棟吾心以解憂。飲酒交朋情意在，吟詩作賦斗升投。

興豪誰欲不[25]為友？義在何期沒燒頭？飽德端能遂君性，相逢樂剩我盈甌。

12月1日，先生賦〈次韻夢機山城戲占〉：

詩學今嗟青出藍，佳山勝水碧深潭。蒙君昔日多提掣，令我長年得泳涵。

才捷人皆稱水部，友賢自許得戎庵。藥樓窗外風光好，拜伏群相仰翠嵐。

是年，與蔡崇名教授共同指導1位學生完成博士論文：高雄師範大學國文研究所 —— 何昆益《《四聲等子》與《切韻指掌圖》比較研究》。

是年，先生指導1位學生完成碩士論文：臺灣師範大學國文研究所 —— 黃珊珊《吳元滿字書的諧聲系統考察與音系研究》。

---

25 不，音甫鳩切，弗也。

中華民國九十九年（2010）庚寅　　先生七十六歲

2月19日，先生詩稿序謂：「丙辰（1976）人日，景伊師招飲余與
　　大成、夢機、殿魁，夢機賦詩，師步韻有作，今逢庚寅人
　　日，屈指算來，已三十八年矣，因步舊韻更作四首。」

> 喜今兩岸靜風塵，講學神州來往頻。追憶恩師當日作，銜
> 杯難侍帳惟春。
> 卅八年來訴我衷，百年辰誕念春風。滿堂躋躋盈多士，全
> 對吾師德業崇。
> 絕學今來已盡扶，全臺音學與前殊。安危寶訓存心臆，試
> 問諸生有惑無？
> 也曾萬里到公鄉，雁蕩峰高百丈強。浩氣江心千古在，龍
> 湫大小競飛瀧。

2月23日，先生賦〈次韻幸福弟讀陳師伯元步舊韻感賦二首〉：[26]

> 以利追隨墮劫塵，誠心相待見情真。琴音絕響今重見，謝
> 爾華辭點綴新。
> 是非窮達自吾裁，師說方能漸漸開。生命短長容有限，故
> 當危坐學心齋。

10月，先生〈求學問道七十年〉，刊登於《南陽師範學院學報
　　（社會科學版）》，第9卷第10期，頁1-4。

---

26 附：文幸福〈讀陳師伯元步舊韻四首感賦二絕〉：「萬卷胸羅絕世塵，一杯在手氣尤
　　真。朱絃嬝嬝遺音在，不舍分陰又日新。」「許慎全憑段玉裁，馬融還待鄭玄開。
　　宏揚師學新風貌，功在鍥而不舍齋。」

12月18日，先生撰〈莆田黃天成教授九十壽序〉一篇，觀縷詳
述，文雅事實，堪為壽序典範。

莆田黃天成錦鋐先生者，系出名門，代有名望。王父黃公
中瓚，前清時官居山西省太寧知縣，為官清廉，政在愛
民。考黃公守彝，畢業於福建省立第四師範學校，一生奉
獻教育，作育人才無數。姚林氏，出自莆田坑邊芳西世
族，幼秉庭訓，箍讀詩書，皆能成誦。

先生有兄弟三人，先生行二，生於民國十一年六月吉旦，
世居福建莆田後街黃巷里雙井巷，生而幼慧，性情篤厚，
而得之於太夫人之教育者為尤厚，甫破蒙讀書，太夫人即
親授以《三字經》及《朱子家訓》等蒙書，並時述先賢忠
義事蹟，勉先生上進。嘗曰：「凡富貴功名，皆由命定，
半由人力，半由天事，惟學作聖賢，全由自己作主，不與
天命相干。」先生亦秉守太夫人之教誨，終生謹守勿失。
太夫人於先生破蒙後，皆親自教讀，先生因而學業日進，
舊學根基，造詣慕深。乃能直升小學六年級肄業，而毫無
滯礙。深得小學校長黃河星先生之器重，小學畢業後，轉
介於教會創辦之哲理中學修業，一切學膳費用，皆由學校
負責。先生得此良機，益為奮勉。正思讀完中學，再考大
學，對未來前途，抱無限憧憬。

詎料此時日寇大舉入侵，佔我國土，八年抗戰，因而爆
發。是時學校內遷，先生因太夫人臥病在床，無人照料，
遂忍痛休學以侍疾。不旋踵而太夫人棄養，先生經理喪
葬，備極勞瘁。而慈母逝世，更失依靠，以為此生歲
月，將從此沉淪。迨憶及太夫人諄諄訓示「惟有作聖賢，

全由自己作主。」乃重新振作，身帶慘痛心情與堅強意志，別離故鄉，尋覓新生活，追求新理想。

其時正逢抗戰進入艱苦階段。先生以為青年報國，機不可失。適「軍事委員會特種訓練班」於福建招收有志青年，共赴國難。先生乃毅然投考，先送湖南衡陽複試錄取後，而於貴州息烽訓練兩年。於此兩年之中，先生受抗戰建國最高指導原則三民主義之薰陶，堅定追隨領袖，不屈不撓，抗戰到底。

迨抗日戰爭勝利後，奉派至臺灣警備總司令部服務。先生深信，一切事業之基礎，乃在高深之學問。因而辭職，繼續求學。於民國三十五年秋考入臺灣省立師範學院國文系肄業。自此以後，先生生活乃轉入教育工作與學術研究，三十九年秋，師範學院畢業後，奉派至淡水中學工作，從此負起教導學子之工作，終生樂此不疲。

自此以來，歷任淡江英專講師、淡江大學文理學院研究教授兼中文系主任、臺灣師範大學教授。先生雖近耳順之年，而求知欲望猶深，兩度負笈東瀛，鑽研日本漢學，而獲九州大學文學博士。返國後受聘兼任師大國文系主任、國文研究所長。復先後受聘為政治大學、東吳大學、逢甲大學兼任教授。自教職退休後，復應教部之請，擔任教育部人文社會教育學科指導委員會國語文組主持人、國立編譯館國文教科用書編輯委員會主任委員及總訂正職務。並於民國八十八年受聘為國立臺灣師範大學國文系名譽教授。

先生著作等身，其主要著述有《新譯莊子讀本》、《莊子及其文學》、《莊子》、《四書導讀》、《秦漢思想研究》、《文心雕龍論文集》、《中學國文教材教法》、《實用中學國文教學

法》、《國文教學法》、《如何教國文》、《晚學齋文集》等。
並主編《白話資治通鑑》、《新編漢字字典》。又監修《旺
文彩色國語辭典》、《旺文標準讀寫字典》、《旺文活用作文
辭典》等。著述雖多，括之可為成己、成人二類。

成己之學者，探孔孟思想之源，儒家之根本在於仁，仁者
人也，所以為人之道也。老子思想基於忍，得其忍耐之途
者，遂為老莊之學。莊子思想之精華，盡在內七篇之闡
述。〈逍遙遊〉者，欲隨心所欲，所謂之真自由也。〈齊物
論〉者，欲泯滅是非，所謂真平等也。〈養生主〉者，欲
順其自然，所謂重衛生也。〈人間世〉者，能隨變所適，
不荷其累，所以論處世之道也。〈德充符〉者，言雖與世
俗處，而不敖倪於物，以精神為主。所謂德充於內，應物
於外者也。〈大宗師〉者，以天地之大，萬物之富，外物
之累，嗜欲之情，莫不以無心為宗為師。〈應帝王〉者，
以忘形骸，外死生，無終始，無心而任乎自化；行不言之
教，以無為之治，使天下之人，忘物我之別，去是非之
見，始可以治天下，以應帝王也。此先生著述所以偏於莊
子思想者此也，殆亦母教所示，學作聖賢之跬步也。

成人之學者，先生教學多年，累積教學經驗，於教學方法
之講求，自可提供具體之見解，而於國文教學，尤多灼
見。而主編之《白話通鑑》及《漢字字典》等，更為助人
進學，尤為成人之學具體表現者也。至若《文心雕龍》之
研究，注重文章內容之分析，文章寫作技巧之講求，則又
介乎成己成人之間者也。

先生成人之事業，非僅宣之於文字，且直接付之於行動。
先生施教數十年，以微薄之薪資，節衣縮食，以節省之餘

資，於任師大國文系系主期間，籌款設置系主任獎學金，使清寒優秀學生，得專心向學。而為感念其恩師章微穎教授之栽培，特捐款百萬元，設置國文教學獎金，既以酬恩師，亦以獎後進。所謂言教身教，先生有焉。

夫人李家瑋女士，籍隸河北容城，系出名門，性情淑均，慈祥賢惠。畢業於淡江大學中文系，國學造詣至深。國語字正腔圓，與先生福建官話，正可收互補之效。故結褵以來，感情融洽，於先生體貼關懷，無微不至。先生因無後顧之憂，得專心治學與施教。

膝下一男二女，皆受高等教育，並獲良好工作。長男正己，成功大學數學系及美國維吉尼亞大學統計研究所畢業，今為保險公司精算師。長女求己，靜宜大學商學系及美國印地安那大學商學管理研究所畢業，今任職花旗銀行，為執行副總裁。次女立己，東吳大學中文系及玄奘大學中文研究所畢業，現任職師大國語中心。妻賢子孝，門棣眾多，人生一世，可謂了無遺憾者矣。

是年，先生指導2位學生完成碩士論文：（一）臺灣師範大學國文研究所——江美儀《孔廣森之生平及其古音學研究》。（二）玄奘大學中文研究所——呂瑞清《說文段注》「聲義同源」考徵》。

中華民國一〇〇年（2011）辛卯　　先生七十七歲

1月1日，〈中華民國一百年元旦〉詩：

平明遙指五雲看，一百年來寸寸丹。合見少康光夏甸，莫

隨趙構避臨安。驅貪欲淬新硎劍，布政當求北斗冠。應使
中華民國號，長天永在不容刊。

1月2日，週日晨，開春迎詩，喜氣洋溢，新年氣象，平安圓滿。
　　臺灣師大國文學系賴貴三教授亦不揣才疏學淺，謹步和先生
　　詩一首，敬祈欣欣向榮，國泰民安，人人幸福圓滿：

　　乾坤大運始終看，氣節從來世代丹。成敗盛衰青史斷，是
　　非功過赤誠安。
　　協和百姓彰今古，主義三民耀冕冠。國慶期頤欣賀壽，千
　　秋道業鑄傳刊。

林安梧（1957-）教授亦步和原玉，並專函致意，曰：

　　貴三兄您好：讀了您的和詩，欣喜中有溫潤。新雄師亦賜
　　函命囑和之，今日在臺中舊居讀書，有了靈感，遵其所
　　囑，步韻隨之，敬請指教。

　　　　乾坤指點莫閒看，浩氣原來此心丹。
　　　　青史斷腸灰長髯，紅顏醉夢問天安。
　　　　孫毛馬列傳后履，儒道龍行正王冠。
　　　　遠渡揮鞭洋平太，千秋王道刊不刊。
　　　（「刊不刊」亦可做「好河山」）專此敬祝——安康！
　　　　　　　元亨　林安梧敬呈　辛卯元正前二日

1月30日，天成黃錦鋐師高壽仙逝前數月，先生賦七律一首〈辛
　　卯除夕有懷天成師〉曰：

不見先生已有年，病肝病肺莫陪筵。曆窮還可書相續，面
改非如鏡可研。

五十載來時未促，一人身覺道難宣。遙知函丈尊前意，望
影猶縈薪火傳。

3月1日，先生賦〈讀《兩當軒集》因懷爽秋〉詩，請所辦許雯怡
助教將此詩打印寄爽秋李鍌教授：

杖策相隨似凤因，瑞安門下最相親。春山無伴應思我，滴
酒難沾豈亂神？

談笑可能臨碩學，往來自是少渾人。天公倘假多時日，廿
史圈完學更新。

3月10日，夏正二月六日，先生賦〈醉蓬萊·七六生辰兒孫相聚
華府新大旺酒家祝壽賦感，用山谷對朝雲鬢鬒韻〉詞稿：[27]

看晚晴甚好，七六生辰，兒孫相倚。大旺餐廳，盡雕欄華
麗。鐵板瓷盤，鮮魷龍利，竟一齊全會。快意千杯，縈懷
百感，眼中含淚。

聞道人生，去愁得樂，遠望臺員，重洋煙水。人昔相迎，
每驅車為騎。學苑雲集，杏壇人滿，自覺揚吾袂。往事牽
纏，吾身已老，何如歸是。

4月25日，先生賦〈歸田樂引·看網路惡夢有感用山谷暮雨濛堦
砌韻〉：

---

27 刊《伯元倚聲和山谷詞》卷五，頁1。

《網路惡夢》上中下三輯,記錄中共文化大革命迫害賢良、破壞文化、摧殘人性,至為可恨!而此種無法無天之惡行,全由毛澤東一手導演,犯如此罪行,仍將其遺像高懸北京天安門上,真令人欲哭無淚也。

為欲上堦砌。歎毛酋、是非顛倒,家國全都碎。怨你又捧你。恨你惜你。歷史文物全非是。

花殘尚未已,人性如今渾無計。十年紛亂,鬥得人憔悴。明裏和暗裏。夢裏心裏,一向難言但垂淚。

4月25日,先生賦〈逍遙樂 · 謝榮璋先生邀宴華府京劇社餐敘余亦在座因賦此詞用山谷春意漸歸芳草韻〉:

眾喜春來芳草。東主豪情,異地京音難杳。舊友新知,花臉青衣,留影餐廳同照。追思年少。且高歌,韓信蕭何,李唐宋趙。有清脆絲琴,悅耳歡笑。

戲曲支支全好。莫言鬢絲漸老。聽幽咽流泉,絃掩抑,似人道。逍遙真可樂,看遍綠遮紅遶。盈盈,晚晴歲月,美洲仙島。

6月吉旦,先生謹譔〈天成夫子九秩嵩壽頌詞〉:

先生之風,山高水長。山高伊何?武夷蒼蒼。水長何似?浩浩閩江。

淑世君子,壽考不忘。如日之昇,如月之常。如松之盛,如梅之香。

菁莪廣育,散於四方。天保定爾,受福無疆。

6月23日，先生賦〈贈許嘉璐〉七律一首：

> 偶從螢幕見光儀，慷慨伸論漢字奇。已是登高好招臂，還
> 期奮筆寫凝思。
> 師門絕業誰當續，許學嗣音孰敢辭？遠在天涯無限意，願
> 君重振舊宏規。

7月26日，先生聞臺北藏書為白蟻所毀感賦七律一首：

> 昔日收藏真不易，今朝毀去亦非難。天公不欲余多讀，病
> 體何妨冊止觀。
> 經史尋來脄至理，文章寫後有餘歡。夢回羈旅饒幽意，莫
> 再吟詩損肺肝。

7月27日，南海風波，先生不勝感慨，因填〈好女兒·南海風
波〉與〈促拍醜奴兒·南中國海用山谷得意許多時韻〉[28]二
詞：

> 清淚一行行。兄弟鬩于牆。攜手同擒盜竊，宵小敢猖狂？
> 自個不思量，只留得、目下悽惶。倘能團結，讓人見了，
> 戰又何妨。

> 南海路何時。鄭和出、不蔓旁枝。千年無事今年急，東來
> 呂宋，西鄰南越，鶴被雞欺。

---

28 先生按：「《全宋詞》黃庭堅詞此處收錄山谷〈醜奴兒·濟楚好得些〉一闋，句法不
合，且多失韻，因據萬樹《詞律》補山谷〈促拍醜奴兒〉，並用其韻。」

千里共逶迤。太平島、形影相隨。鬩牆兄弟當攜手，一同抗敵，南征艦隊，羽書何遲。

8月3日，先生賦〈贈丁邦新有序〉：

余與邦新兄以音學訂交於中央研究院史語所主辦第一屆國際漢學籌備會議，時民國六十九年也。其後共同推動中華民國聲韻學會會務發展。民國七十九年邦新自港投詩，以文字唱和，亦已廿年，始終莫逆於心。民國九十八年，邦新投書相邀於臺北一敘，昔余以肝癌入院治療，未克如願。去歲余出版拙稿《伯元新樂府》、《陳新雄語言學論學集》、《文字學》三書，欲投稿請正。得邦新復函，並讀其〈死神的腳步〉，方知歷經鋸開胸骨，重大手術，聞悉不勝感歎，如兄與余，雖有意為固有語言文化，盡其綿薄，然疾病纏身，瞬成衰晚，因賦詩相贈，以誌此段因緣也。[29]
與君名字兩同新，轉眼俱成歲暮人。平仄尚能隨你我，縱橫不復費精神。
論音昔日為知己，述學如今怎激塵？但願門前諸俊彥，此生相繼莫沉淪。

9月6日，先生近來血糖偏高，思路不暢，賦〈次韻聶振弢先生南

---

29 附：丁邦新院士和先生〈贈丁邦新並序〉：「辛卯之夏，余入院治療心臟阻塞，作繞道手術，瀕死不遠。伯元聞訊，承遠道贈詩，情致殷切，故人厚意躍然紙上。乃搜索枯腸，敬步原玉，勉為唱和以答之。伯元與余相交三十年，同以研究聲韻為己任；而伯元復致意於詞章，除精研蘇詩外，尚有和山谷詞之作，故詩中兼及之。——英雄鐵劍色猶新，慷慨長歌落拓人。錦繡詞章抒積鬱，艱難音韻費精神。東坡雅詠成知己，山谷高風拜後塵。蕩蕩神州才俊美，江河浩渺不沉淪。」

陽語言文化學院附屬小學開學感賦〉：

興學南陽事業新，所欣因得道同人。縱然老去心猶壯，念
及將來筆有神。

學子莘莘初發軔，斯文朗朗可揚塵。與君攜手千山外，終
見他年起隱淪。

9月11日，何大安院士致函步和，刊登於臺灣師範大學國文系
〈系務簡訊〉175期：[30]

---

30 臺灣師範大學國文系〈系務簡訊〉175期，另刊載：文幸福教授〈仲秋拜讀伯元師
丁教授唱和詩有感學步〉：「喜見文壇佳話新，真情猶重晚晴人。賡歌雅道酬知己，
惺惜儒林寄會神。流水高山一琴曲，清風明月幾秋塵。雙輝俊美江河遠，未便寰球
作隱淪。」（注：二老目前隱於國外，故末句及之。）聶振發教授〈奉和陳先生贈
丁先生詩〉：「二公雅號兩同新，皆是南陽仰止人。萬里星空耀箕斗，千年文化賦精
神。文章述作自傳世，霽月光風不染塵。國學復興為急務，還須攜手救沉淪。」姚
榮松教授〈拜讀伯元邦新二師唱和詩幸福兄亦步玉有作因亦賡步〉：「情志豈關名字
新，國洋兼擅自賢人。今聲古調心儀晉，步韻原音筆有神。華府磯山猶異域，心栓
肝塞竟同塵。春風桃李一杯酒，聊和新詩未敢淪。」何昆益教授〈敬步伯元夫子贈
丁先生詩並序原玉〉：「交游莫逆久彌新，健筆凌雲誨世人。二子高風承意氣，諸生
勁節繼精神。心傳禮樂開三昧，口授詩書正俗塵。黽勉窮經執責我，同學國故撥渾
淪。」黃坤堯教授〈辛卯中秋寄伯元夫子師母、丁邦新教授伉儷及姚榮松、文幸
福、何昆益等同門師友，並附驥於諸家大作原韻〉：「萬里圓融月又新，中秋同仰賀
同人。驅車直闖心肌壯，指數微調蛋白神。聲韻傳承揚慧業，詩文搖曳蕩紅塵。並
時醫術猶精進，栓塞能通豈易淪。」錢拓教授〈次韻伯元師贈丁先生詩〉：「淵深舊
典更翻新，音史鉤沉益學人。憑案傾心添素志，臨文走筆仰丰神。遙觀墨海揮蘭
藻，企羨雙英振玉塵。微恙不能摧巨擘，天涯顯耀起痾淪。」陳樹恆教授〈步韻奉
頌音韻學泰斗陳師伯元丁氏邦新學術因緣〉：「湯之銘曰共時新，鍾子伯牙感舊人。
肝瀝玉篇圖指掌，襟開切韻集通神。乾嘉有繼章黃學，今古無虧戴段塵。耄耋從心
矩所欲，中原雅正滌清淪。」俱刊於國文學系〈系務簡訊〉第一七五期，出刊日
期：100年9月15日（星期四），本次內容共3頁。

拜讀伯元、邦新二師唱和詩、幸福詩兄步玉，有感亦步奉和一首為邦新師、伯元師壽，恭呈 哂正。首句藏諱，借《大雅》、《遠遊》為隱辭。受業大安敬上。九月十一日。

國命虹旍日日新，金聲玉振壽斯人。淵淵直鼓驚川岳，犖犖長橡泣鬼神。

道盛河汾尊祭酒，名高四海望清塵。三千弟子弦歌罷，舞詠同歸笑隱淪。

9月12日，星期一，先生賦〈辛卯中秋節〉七律一首：

可憐肝疾損詩豪，斷酒尤悲韻不高。攜手同觀天上月，吟歌似響夢中濤。

喜看夜色明如水，應惜風人自作騷。倘得玉皇加數歲，何妨白髮首頻搔。

9月15日，先生致函丁邦新院士：

兄與弟之唱和詩及門下諸人和作之詩，均已刊登於臺灣師範大學國文系〈系務簡訊〉175期內，謹轉寄一閱。專達順候——儷祉！

弟陳新雄拜上　100年9月15日

10月10日，先生賦〈民國百年國慶〉七律一首：

中華民國百年神，民主自由方有因。革命孫文初設局，賡歌介石始清塵。

諸侯割據艱難甚，倭寇兌危戰火頻。障礙算來皆已盡，山
河拱手予他人。

11月15日，先生致函石光中醫師、郭乃禎教授賢伉儷說明〈病情
報告〉：

> 光中、乃禎賢伉儷同鑒：我於九月二十五日施行血管瘤手
> 術後，即感肚子氣漲，十月廿一日作了第五次肝癌栓塞手
> 術，結果漲氣不已，頻頻小便，而大便阻塞，十分不舒
> 服，後經一泌尿科醫生診斷，係大便不通，壓縮膀胱，故
> 頻尿不已。施藥後，本較舒服，但在爽秋兄來信之際，全
> 身忽然感到乏力，頭腦亦趣昏漫。十一月一日，忽然如洩
> 氣娃娃，全身軟弱萎靡。由女兒送往診所診斷，方知全身
> 缺氧，寸步難移。立刻送往醫院住院，住院一週，今日始
> 出院，目前家中因為缺氧問題，安放三大塊置氧區，經歷
> 此一劫，身體移動都覺困難。目前每週三日復健醫院派人
> 來家復健。情況如此，看來離死期不遠矣。專達順詢──
> 儷祉！
>
> 新雄手啟　100年11月15日

是年，指導2位學生完成博士論文：臺灣師範大學國文研究
　　所──1.郭乃禎《李方桂上古音的研究述評》；2.潘柏年《陳
　　澧《切韻考》研究》。

是年，先生指導1位學生完成碩士論文：東吳大學中文研究
　　所──鄧名敦《夏炘《詩古音二十二部集說研究》》。並與廖
　　湘美教授共同指導1位學生完成碩士論文：中央大學中文研
　　究所──葉博榮《劉師培之聲韻學觀念述評》。

中華民國一○一年（2012）壬辰　　先生七十八歲

1月，先生〈小學語文教材改進之我見〉刊登於《南陽師範學院
學報（社會科學版）》，第11卷第1期（2012年1月），頁1-6。

1月25日，先生賦〈追憶停雲詩社亡友用元遺山感興韻四首〉：

> 白頭難見好詩新，舒翁自如固有神。碧落近來文復旺，諸
> 君相聚物皆春。
> 詩境高時悟若禪，世人難得此心傳。停雲昔有風流客，我
> 識其人字志天。
> 瀟灑風流識面初，銀鉤鐵畫滿城書。心中最服汪元量，白
> 酒盈樽興有餘。
> 久識蛾眉綠綺琴，戎庵多藝得詩心。陽春不比巴人曲，世
> 上當能有賞音。
> 民國一百零一年一月二十五日壬辰正月初三日　陳新雄稿

1月26日，先生賦〈贈殿魁詩四首〉，請李殿魁教授吟教：

> 丙辰人日，景伊先師適逢立春，招飲新雄、大成、夢機、
> 殿魁，夢機賦詩，師步其韻，屈指算來，已三十七年於茲
> 矣。先師早歸道山，大成、夢機相繼隕落，與會諸人，惟
> 殿魁與余，仍在世間。而余亦肝癌纏身，知在人間，尚復
> 幾日？深有所感，因依舊韻，重賦四首，以贈殿魁。

> 細數諸君盡逸塵，往年招飲去來頻。
> 先師門下真君子，難再重逢綴帳春。
> 推誠肺腑出初衷，為鼓千秋大夏風。

請看杏壇傳道者，絃歌四起久功崇。

禹甸傾斜手挽扶，為傷舊學與今殊。

安危終仗君與我，腦際常縈事有無。

我亦曾臨師故鄉，溫江忠義百年強。

仰觀大小龍湫瀑，日後君臨百丈瀧。

民國一百零一年正月壬辰人日　同學弟　陳新雄呈稿　時
年七十七

1月30日，先生近作〈點絳脣‧南陽興學用山谷羅帶雙垂韻〉與
〈南歌子‧歲暮有懷振弢先生用山谷槐綠低窗暗韻〉詞二
闋：

華夏精神，傳承當在吾人手。莫拋紅豆。應為相思瘦。
興學南陽，辛苦眉難皺。怎能夠？千巖獻溜。且舉迎風袖。

群籍盈書架，丹心足啟明。使君興學約同行。令我一身猶
似快舟輕。
幸識南都客，相將把話傾。函中得訊便鍾情。堪比廿年宿
醉酒初醒。

1月30日，先生賦〈謝洪章夫贈瓶梅〉詩：[31]

---

31 貴三按：洪章夫先生，美國北達科他大學昆蟲學博士，屏東枋寮人，與筆者故鄉屏
東佳冬毗鄰，因緣為忘年交。為紀念其妻「臺師大國文學系五七級畢業生、專任助
教」洪陳慧美女士，特設立「洪陳慧美紀念獎學金」，資助本校編制內講師與助理
教授赴其美國母校進修博士學位；2011年，並為其妻自費影印出版早年受業於本系
名師魯實先教授之《文字學筆記》，惠貺本校、本系師生與學界同道，鶼鰈情深，
公心正義，令人感佩之至。

幾樹寒梅尚有形，橫斜折取入花瓶。清宵燈影春仍在，佳
卉暗香香滿庭。

2月23日，先生賦〈好事近・林來瘋用山谷一弄醒心絃韻〉與
〈好事近・林來瘋用山谷不見片時霎韻〉詞二闋：[32]

一出動心絃，七勝情懷縈疊。眼看君家身手，我淚珠盈睫。
天時地利與人和，相配光升頰。舉世華人同慶，歡飲持
金葉。

縱是一時霎，七勝光榮彰著。尼克屢聞連敗，要怎生規約？
出師一舉竟成名，方識善和惡。終讓世人相見，豈可再
奚落？

2月28日，先生賦〈七十七生日感懷〉：

近時真覺不如前，只有精神勝往年。
心喜南陽尊幼學，春臨人世煥新天。
商量培養規今昔，沉淪高明看後先。
七七生辰餘一事，中華經藝要相傳。

2月，《中華詩詞・兩岸詩學高峰會專頁》，頁10，刊登先生〈江
神子・賀詩學高峰會〉詞一闋：

---

32 貴三按：家長兄貴川出身空軍，熱衷籃球運動與詩詞習作，傳讀先生〈好事
近〉，2012年2月28日於臺南永康寓所，亦賦〈籃壇新星〉七律一首：「哈佛小子林
書豪，紐隊中樞控衛牢。一戰卓群家戶曉，七勝美技宇寰褒。虔誠信仰功歸主，篤
實容輝曜賽袍。竄起英名傳萬里，來瘋好事冀恆高。」

五千年史豈拋空？步芳踪，氣如虹。明道揚輝，應振舊時
風。不信英聲從此杳，誰繼絕？我曹躬。

唐詩安雅宋詞工。郁蔥蘢，響黃鐘。文學霞光，舊業換新
容。欲覓知音何處是？清淨地，喜人同。

5月5日，天成黃錦鋐師不幸壽終於臺北萬芳醫院，先生遠在美國
　　聽聞此惡耗，不料未三月，亦病隕神隨。

5月7日，先生〈恭輓黃天成師〉：

天成夫子千古

不見先生已有年，病肝病肺莫陪筵。曆窮還可書相續，面
改非如鏡可研。

五十載來時未促，一人身覺道難宣。相期百歲都將去，望
影猶縈薪火傳。

受業　陳新雄　叩輓

6月3日，先生電函友生有關聲韻語音問題二則，請答復：

一、蘇軾〈題王晉卿畫後〉詩云：「醜石半蹲山下虎，長松
　　倒臥水中龍。試君眼力看多少，數到雲峰第幾重。」
　　而于右任的書法，把重字寫作層字，這中間有何聲韻
　　學道理可釋否？

二、我的外孫宮本良晧，現兩歲半，正牙牙學語之時，可
　　是每次叫我「外公」ㄨㄞˋ ㄍㄨㄥ，他都叫成ㄨㄞˋ
　　ㄐㄧ，這中間有無音理可說。

7月31日，先生仙逝於美國，享壽七十有八歲。

8月15日，先生迎靈返臺事宜，委請臺灣師大國文學系所辦許雯怡助教聯繫處理。

9月3日，晚間20：45，先生靈骨由師母與次子昌蘄搭乘聯合航空853班機，護送返臺，眾門棣迎靈於桃園中正國際機場第二航廈，隨即接往臺北市立第一殯儀館暫厝。

9月5日，上午10：00，先生治喪委員會會議，於臺灣師大國文學系勤七樓語文視聽室召開，議定相關細節，正式訃告。

9月16日，星期日晨，臺灣師大國文學系賴貴三教授代表系主任高秋鳳教授暨全體師生敬擬輓聯，恭弔名譽教授伯元師千古：

> 身逝洋東，魂返洋西，關山疊疊，雲海悠悠；恨未了愛別情牽，道不盡胸懷磊落。蕭兮鶴羽，咽兮琴操，天涯海角歸根好；哀什麼，友生默會此時，搠赤忱裕後光前，學聖賢樂亦聖賢，欣喜詩書霑溉過。
>
> 小學路來，經學路去，生平僕僕，歲月迢迢；積累出著作等身，薪傳得世尊德齒。仁若嶽崇，智若純素，高風亮節效孔孟；憾怎的，親故悲喪斯文，導青衿遊洙詠泗，習惠尹志即惠尹，笑迎肝膽絡繹來。

9月28日，上午，依師母囑咐，假臺北市第一殯儀館舉行先生告別式。

中華民國一○四年（2015）乙未　　先生冥誕八十一歲

3月21日，先生八秩誕辰紀念籌備委員會與國立臺灣師範大學國

文學系，假師大文薈廳以及文學院會議室，舉辦「紀念陳新雄教授八秩誕辰學術論文發表暨著作展示會」，主要由陳門弟子組成的籌備小組邀集兩岸、香港和日本等地學者，於先生八秩冥誕之際，紀念先生對於語言文字及聲韻的成就及貢獻。

6月1日，先生八秩誕辰紀念論文集編輯委員會委託臺北：萬卷樓圖書股份有限公司，出版發行《陳新雄教授八秩誕辰紀念論文集》。

是年，與姚榮松教授共同指導1位學生完成博士論文：玄奘大學中國語文研究所──柯響峰《曾運乾音學研究》。

中華民國一一一年（2022）壬寅　　先生冥誕八十八歲

1月28日，星期五，農曆過年放假前一日，紀念先生逝世十週年國際學術研討會籌備委員會收齊文稿，交與臺北：萬卷樓圖書股份有限公司編輯出版。

3月26日，星期六，假國立臺灣師範大學綜合大樓509國際會議廳，舉辦「陳新雄教授逝世十週年紀念國際學術研討會」。

鍥不舍齋語錄

編輯小組

1. 余竊自思，濫竽黌宮，二十餘載，每諭諸生，宜勤於所學，莫可懈怠。然坐而言，固不如起而行之為愈也，欲取信於人，言之終年，不如時時出其論述之可信也。余門下諸生，余告誡其每年至少撰述論文一篇，必如此也，其漸漬之效，乃可見也。今五十之後，再匯為此集，則所以取信於諸生者也。古人有言，言教不如身教，諸生試觀，汝之業師，為身體力行之者，抑夸夸其談者乎！

　　　　　《文字聲韻論叢・序》（臺北市：東大圖書公司，1994）

2. 今行年五十，出其五十以前之著作，俾海內外博雅君子，商榷其得失，論證其是非。一以上報恩師之教誨，一以作五十後之自勵。倘未因敝帚之自珍，而貽笑於方家，則厚幸焉。

　　　　　《鍥不舍齋論學集・序》（臺北市：臺灣學生書局，1984）

3. 大多數的學生，也都能夠按照我的指示循序漸進，在大學四年之中，完成《資治通鑑》的圈點工作，也並不認為困難。記得有一位學生，圈點完畢全部二百九十四卷的《通鑑》後，曾給我寫了一封長信，報告他的心得，並提出許多問題跟我討論，我看見他

實在用心，一時興起，曾題了兩首詩勉勵他。詩云：「夜觀君書意慨然，胸中翻滾若奔泉。囊螢映雪風流遠，不料今朝在眼前。篤學如君志意誠，他年自可入雲層。雙肩任負興亡責，非汝微言孰與賡。」由此可見，學生們的可塑性很高，要在指導如何耳。

《鍥不舍齋論學集‧萬緒千頭次第尋》

（臺北市：臺灣學生書局，1984）

4. 近世學者之構擬古音，尤多藉韻圖之等列以上溯古音音值；其調查漢語方言者，亦多基於等韻之韻攝呼等，而求與方言對應，提取規律。是則等韻實研究漢語語音歷史之重要環節，亦聲韻學中之重要一章也。

《等韻述要‧自序》（臺北市：藝文印書館，1974）

5. 初為人師者，頭兩年授課，按部就班就可以了，到了第三年，就可以開始靈活變化了。

6. 一位老師下課後，走出教室的門時，如果是昂首闊步，充滿精神，表示他教得不錯；如果是低頭彎腰，毫無氣勢，表示沒有信心，教得不好。

7. 「我對於學生的發問，問小答小，問大答大。」（筆者按：此即《學記》：「善待問者，如撞鐘，叩之以小者則小鳴，叩之以大者則大鳴。」之意也。）

8. 我指導學生不會先告訴學生怎麼做，一定是他有問題來問我，我才告訴他，如果我先告訴他，他就缺少了『思考』這個過程。

9. 學聲韻學一定要「訓練」，也就是要做《廣韻》作業，反切上字
的聲紐，反切下字的系聯都要做，否則學不好。

10. 我初作詩，送給林（景伊師）先生看，他說：「做得還可以，但
就像一般人作的詩一樣俗氣，要多讀名家詩。」於是我把蘇東坡
的詩全部抄了一遍，好好去體會其中的奧妙。

11. 做詩要用典，才會顯得高雅，所以要熟悉典故。

12. 「我不希望你的碩士論文是你一生中的最後一篇論文，要常發表
論文。寫一篇就有一篇的涵養，寫兩篇就有兩篇的歷練。

　　　　以上5-12點引自葉鍵得〈幾則伯元師的訓示語錄及生活記事〉
　　　　　　　　（臺北市：陳新雄教授哀思錄編輯委員會，2012）

13. 今世黌宮之中，其任詩詞講席者，往往專於賞析，而忽於習作。
專於賞析則徒知意境聲辭之華美，忽於習作則闇於布局經營之艱
難。故余之授諸生以《東坡樂府》也，以為欲明賞析，則不但宜
明其詞義與典故之出處，且應進而探其布局與修辭；而尤其重要
者，應輔之以讀史事，庶幾於詞人之襟抱，寫作之背景，皆所曉
暢，而於其創作動機，自非朦朧也。賞析亦非專指辭藻，其格律
聲響，難以忽略；故授之以吟誦，俾能領悟詞語音節之鏗鏘，抑
揚頓挫之佳妙。陸機〈文賦〉嘗言為文構思情狀曰：「六情底
滯，志往神留，兀若枯木，豁若涸流，攬營神以探頤，頓精爽於
自求，理翳翳而愈伏，思乙乙其若抽。」若非自行習作，何能體
悟營構之際，思緒翳伏，靈感底滯之艱辛；與夫成文之後，流漓
濡翰之舒暢，情貌不差之適意耶！

《伯元倚聲‧和蘇樂府‧自序》（臺北市：文史哲出版社，
1999）

14. 及入大學，從先師瑞安林公景伊受詩，師凡授一詩，必令熟讀，
   且又因余夙諳吟誦，凡有誦讀，師多指定由余吟讀，無形之中，
   增加歷練機會。惟其時先師以為學問基礎，首在小學，故以《廣
   韻》、《說文》相授，欲余先識文字，後通經學，尚無暇以從事詩
   詞之創作也。惟先師常曰：「在熟練小學過程中，若遇艱難，可
   稍作休憩，閱讀《昭明文選》與《十八家詩鈔》以資調節，輕鬆
   情緒。」故在學業完成之前，作詩雖可平仄無訛，然尚不可謂識
   作詩也。

   《伯元吟草‧自序》（臺北市：文史哲出版社，2000）

15. 余賦詩伊始，幾每一成篇，皆持向先師林公景伊請益，推敲字
   詞，意趣津然，而師開示詩眼，縱談詩法。於詩之虛實相成，有
   無相生，人我相將，時空相配，正反相待，今古相對之理；及用
   實辭以茂其華葉，多虛字以通其凝滯諸端，皆娓娓道及，猶懼余
   不達其旨，於是師凡有作，即以稿相示，所以示余作詩之法也。
   既讀蘇詩為之根柢，又得先師為之指迷，故詩乃稍進，足以與人
   唱和也。

   《伯元吟草‧自序》（臺北市：文史哲出版社，2000）

16. 竊維中國語言學中之聲韻、文字、校勘、詞彙、詞源、語法諸
   科，其最終作用，莫不求訓詁之貫通，貫通訓詁，不但令古今如
   旦暮，且可使南北如鄉鄰，顧不偉歟！戴震嘗云：「經之至者道
   也，所以明道者其詞也，所以成詞者，未能外小學文字者也。由

文字以通乎語言，由語言以通乎古聖賢之心志，譬之適堂壇之必循其階，而不可以躐等。」善乎其言也，語言文字者，即所謂中國語言學之諸科也，以此諸科為工具，而求達古聖賢之心志，則亦可以廉得其情者矣。

《訓詁學・自序》（臺北市：臺灣學生書局，1994）

學術論述書目

編輯小組

專書著作

《春秋異文考》，臺北市：嘉新水泥公司文化基金會，1964。

《古音學發微》，臺北市：文史哲出版社，1972。

《六十年來之聲韻學》，臺北市：文史哲出版社，1973。

《等韻述要》，臺北市：藝文印書館，1974。

《中原音韻概要》，臺北市：學海出版社，1976。

《重校增訂音略證補》，臺北市：文史哲出版社，1978。

《聲類新編》，臺北市：臺灣學生書局，1982。

《鍥不舍齋論學集》，臺北市：臺灣學生書局，1984。

《文字聲韻論叢》，臺北市：東大圖書公司，1994。

《訓詁學》（上、下冊），臺北市：臺灣學生書局，1994/2005。

《古音研究》，臺北市：五南圖書出版公司，1999。

《廣韻研究》，臺北市：臺灣學生書局，2004。

《聲韻學》（上、下冊），臺北市：文史哲出版社，2007。

《文字學》，臺北市：五南圖書出版公司，2010。

《陳新雄語言學論學集》，北京：商務印書館，2010。

期刊論文

〈蘄春黃季剛（侃）先生古音學說駁難辨〉，《師大學報》15期，頁
　　97-108，1970。

〈高本漢之詩經韻讀及其擬音〉（翻譯），《許詩英先生六秩誕辰論文
　　集》，頁159-174，臺北市：驚聲文物供應公司，1970。

〈論上古音中脂-r隊-d兩部的區別〉（翻譯），《文史季刊》第3卷第1
　　期，頁13-30，1972。

〈簡介佛瑞斯特中國古代語言之研究方法〉，《潘重規教授七秩誕辰論
　　文集》，頁79-86，1977。

〈上古音當中的-d跟-r韻尾〉（翻譯），《木鐸》，第7期（慶祝高郵高仲
　　華先生七秩華誕特刊），頁13-22，1978。

〈酈道元水經注裏所見的語音現象〉，《中國學術年刊》，第2期（慶祝
　　高師仲華七秩華誕專號），頁87-112，1978。

〈群母古讀考〉，《中央研究院國際漢學會議語言文字組論文集》，頁
　　223-246，1981。

〈從詩經的合韻現象看諸家擬音的得失〉，《輔仁學誌文學院之部》，
　　第11期，頁145-162，1982。

〈古音學與詩經〉，《輔仁學誌文學院之部》，第12期，頁263-273，
　　1983。

〈詩經的通轉〉，《木鐸》，第11期（慶祝潘重規先生八秩華誕特刊），
　　頁83-104，1987。

〈戴震答段若膺論韻書對王力脂微分部的啟示〉，《中央研究院歷史語
　　言研究所集刊》，第59本第1分（李方桂先生紀念論文集），
　　頁1-6，1988。

〈毛詩韻譜、通韻譜、合韻譜〉，《中國學術年刊》，第10期（慶祝高
　　　師仲華八秩華誕專號），頁37-68，1989。

〈論談添盍怗分四部說〉，《中央研究院第二屆國際漢學會議語言文字
　　　組論文集》，頁53-66，1989。

〈蘄春黃季剛先生古音學說是否循環論證辨〉，《孔孟學報》，第58
　　　期，頁319-364，1989。

〈毛詩韻三十部諧聲表〉，《孔孟學報》，第61期，頁165-182，1991。

〈戴震答段若膺論韻書幾則聲韻觀念的啟示〉，《漢學研究》，第9卷第
　　　1期，頁45-52，1991。

〈史記・秦始皇本紀所見的聲韻現象〉，《聲韻論叢》，第4輯，頁1-
　　　14，1992。

〈李方桂先生上古音研究的幾點質疑〉，《中國語文》，1992年第6期，
　　　410-417，1992。

〈黃季剛先生及其古音學〉，《中國學術年刊》，第14期，頁399-438，
　　　1993。

〈怎樣才算是古音學上的審音派〉，《中國語文》，1995年第5期，頁
　　　345-352，1995。

〈上古音中的介音〉，《漢語音韻學第五屆國際學術研討會論文集》，
　　　1998。

〈黃侃與曾運乾之古音學〉，（1999年第五屆近代中國學術研討會論
　　　文），《陳新雄語言學論學集》，頁165-170，北京：商務印書
　　　館，2010。

〈對于上古牙音聲母的一些看法〉，《古典文獻與文化論叢》，第二
　　　輯，1999。

〈宵藥二部古韻尚能細分嗎？〉，《臺灣師範大學紀念許世瑛先生九時
　　　冥誕學術研討會論文集》，頁283-288，1999。

〈梅祖麟「有中國特色的漢語歷史音韻學」講辭質疑〉（原載《語言
　　研究》2003年第一期），《音韻學方法論討論集》，頁70-91，
　　北京：商務印書館，2009。

〈古韻三十二部音讀之擬測〉，《陳新雄語言學論學集》，頁273-311，
　　北京：商務印書館，2010。

〈江永古韻學說對段玉裁古韻分部之啟示〉（香港大學明清學術國際
　　研討會論文，2002），《陳新雄語言學論學集》，頁90-96，北
　　京：商務印書館，2010。

〈上古聲母總論〉，《陳新雄語言學論學集》（北京：商務印書館，
　　2010，疑似在北京清華大學授課講稿），頁1-38。

〈上古聲調析論〉，《陳新雄語言學論學集》（北京：商務印書館，
　　2010，疑似在北京清華大學授課講稿），頁39-48。

〈重論上古音陰聲韻部之韻尾〉，《陳新雄語言學論學集》（北京：商
　　務印書館，2010，疑似在北京清華大學授課講稿），頁49-70。

〈梅祖麟「比較方法在中國，1926-1998」一文之商榷〉（2004年撰
　　文），《陳新雄語言學論學集》，頁221-239，北京：商務印書
　　館，2010。

〈廣韻韻類分析之管見〉，《中華學苑》，第14期（慶祝熊翰叔教授八
　　十大慶專號），頁31-86，1974。

〈幾本有價值的聲韻學要籍簡介〉，《輔仁文學》，第8期，頁7-11，
　　1974。

〈評介潘、陳合著中國聲韻學〉，《出版與研究》，第31期，頁39-43，
　　1978。

〈切韻性質的再檢討〉，《中國學術年刊》，第3期，頁31-58，1979。

〈廣韻四十一聲紐聲值的擬測〉，《木鐸》，第8期（慶祝瑞安林景伊先
　　生七秩華誕特刊），頁61-75，1979。

〈廣韻聲類諸說述評〉,《華岡文科學報》,第12期,頁159-196,
　　　1980。

〈民國古音學研究的開創人黃侃〉,《師大學報》,第31期,頁367-
　　　421,1986。

〈陳澧切韻考系聯廣韻切語上下字補充條例補例〉,《國文學報》,第
　　　16期,頁1-18,1987。

〈今本廣韻切語下字系聯〉,《國立臺灣師範大學文學院教學與研
　　　究》,第14期,頁79-113,1992。

〈無聲字多音說〉,《輔仁大學文學院人文學報》,第2期,頁431-
　　　460,1972。

〈說文古籀排列次第先後考〉,《中華學苑》,第9期,頁9-38,1972。

〈說文解字分部編次〉,《木鐸》,第5、6期合刊(慶祝婺源潘石禪先
　　　生七秩華誕特刊),頁55-63,1977。

〈說文解字之條例〉,《香港浸會學院學報》,第9卷,頁1-14,1982。

〈所得者少,所失者多──大陸推行簡體字四十年的檢討〉,《中國語
　　　文通訊》,第15期,20-23,1991。

〈說文借形為事解〉,《中國語文通訊》,第16期,頁19-21,1991。

〈章太炎先生轉注假借說一文之體會〉,《國文學報》,第21期,頁
　　　229-234,1992。

〈章太炎轉注說之真諦與漢字統合之關聯〉,《中國國學》,第20期,
　　　頁35-40,1992。

〈倉頡檢字法與文字構造的關聯〉,《第四屆中國文字學全國學術研討
　　　會論文集》,頁205-212,1993。

〈許慎之假借說與戴震之詮釋〉(1996撰稿),《陳新雄語言學論學
　　　集》,頁146-150,北京:商務印書館,2010。

〈章太炎轉注假借為造字之則析疑〉，《漢字文化國際學術研討會論文
　　　集》，1998。

〈異體字字典編撰之緣起〉（2005年第三屆中文數位化合作論壇講
　　　詞），《陳新雄語言學論學集》，頁165-170，北京：商務印書
　　　館，2010。

〈訓詁方式中義界與推因之先後次第說〉，《訓詁論叢》，頁11-18，
　　　1994。

〈王念孫廣雅釋詁疏證訓詁術語一聲之轉索解〉（高雄國立中山大學
　　　第一屆國際暨第三屆訓詁學學術研討會論文，1997），《陳新
　　　雄語言學論學集》，頁97-129，北京：商務印書館，2010。

〈黃侃求本字捷術之推闡〉（第二屆國際暨第四屆訓詁學學術研討會
　　　論文，1998），《陳新雄語言學論學集》，頁189-195，北京：
　　　商務印書館，2010。

〈孫詒讓墨子閒詁〉（溫州瑞安孫詒讓研究國際學術研討會論文，
　　　2000），《陳新雄語言學論學集》，頁130-145，北京：商務印
　　　書館，2010。

〈批駁梅祖麟對孫詒讓與陸宗達的批評及其相關論點〉，《陳新雄語言
　　　學論學集》，頁230-244，北京：商務印書館，2010。

〈文則論〉，《慶祝高郵高仲華先生六秩誕辰論文集‧下》，頁1163-
　　　1184，1968。

〈尚書堯典日中星鳥永星火解〉，《中國學術年刊》，第6期，頁15-
　　　22，1984。

〈詩經憂患意識進一解〉，《中國學術年刊》，第7期，頁17-26，1985。

〈從蘇東坡的小學造詣看他在詩學上的表現〉，《古典文學》，第7集
　　　（上），頁531-555，1985。

〈論詩經中的楊柳意象──對鍾玲女士先秦文學中楊柳的象徵意義一
　　文的商榷〉,《國文學報》,第15期,頁11-22,1986。
〈尚書堯典納于大麓解〉,《中國學術年刊》,第8期,頁7-14,1986。
〈景伊師論律詩之章法與對仗理論及其實踐〉,《國文學報》,第22
　　期,頁229-250,1993。
〈刪詩問題之探討〉,《第二屆詩經國際學術研討會論文集》,北京:
　　語文出版社,頁323-332,1996。
〈乾鍋更戞甘瓜羹的蘇東坡〉,《國文學報》,第26期,頁137-160,
　　1997。

學術論文集叢書 1500023

《鍥不舍齋薪傳錄》附冊
國立臺灣師範大學榮譽教授陳伯元（新雄）先生學行錄

編　　輯　陳新雄教授逝世十週年紀念
　　　　　國際學術研討會籌備委員會
責任編輯　林以邠
特約校對　林秋芬

發 行 人　林慶彰
總 經 理　梁錦興
總 編 輯　張晏瑞
編 輯 所　萬卷樓圖書股份有限公司
　　　　　臺北市羅斯福路二段 41 號 6 樓之 3
　　　　　電話 (02)23216565
　　　　　傳真 (02)23218698

發　　行　萬卷樓圖書股份有限公司
　　　　　臺北市羅斯福路二段 41 號 6 樓之 3
　　　　　電話 (02)23216565
　　　　　傳真 (02)23218698
　　　　　電郵 SERVICE@WANJUAN.COM.TW
香港經銷　香港聯合書刊物流有限公司
　　　　　電話 (852)21502100
　　　　　傳真 (852)23560735

ISBN 978-986-478-625-1
2022 年 3 月初版一刷
定價：新臺幣 280 元

如何購買本書：
1. 劃撥購書，請透過以下郵政劃撥帳號：
　帳號：15624015
　戶名：萬卷樓圖書股份有限公司
2. 轉帳購書，請透過以下帳戶
　合作金庫銀行　古亭分行
　戶名：萬卷樓圖書股份有限公司
　帳號：0877717092596
3. 網路購書，請透過萬卷樓網站
　網址 WWW.WANJUAN.COM.TW

大量購書，請直接聯繫我們，將有專人為
您服務。客服：(02)23216565　分機 610

如有缺頁、破損或裝訂錯誤，請寄回更換
版權所有・翻印必究
Copyright©2022 by WanJuanLou Books CO., Ltd.
All Rights Reserved　　　　**Printed in Taiwan**

國家圖書館出版品預行編目資料

《鍥不舍齋薪傳錄》附冊——國立臺灣師範大
學榮譽教授陳伯元（新雄）先生學行錄/陳新雄
教授逝世十週年紀念國際學術研討會籌備委員
會編.-- 初版.-- 臺北市：萬卷樓圖書股份有限
公司, 2022.03
　　面；　公分.-- (學術論文集叢書 ; 1500023)
ISBN 978-986-478-625-1(平裝)
1.CST: 陳新雄　2.CST: 臺灣傳記　3.CST: 文集

783.3886　　　　　　　　　　111003485